A Fé Humilde

Crer sem vaidade

Coleção Fé Humilde

1. A fé humilde
2. Palavras que não passam
3. O amor humilde
4. Apenas um rio que passa

Pe. Zezinho, scj

A Fé Humilde

Crer sem vaidade

Paulinas

Dados Internacionais de Catalogação na Publicação (CIP)
(Câmara Brasileira do Livro, SP, Brasil)

Zezinho, Padre
    A fé humilde : crer sem vaidade / Padre Zezinho. — São Paulo : Paulinas, 2003.
— (Coleção fé humilde ; 1)

ISBN 85-356-1116-9

1. Fé 2. Humildade 3. Testemunhos (Cristianismo) I. Título. II. Série.

03-4456   CDD-248.4

Índice para catálogo sistemático:
1. Fé humilde : Vida cristã : Cristianismo   248.4

Citações bíblicas: *Bíblia Sagrada* – tradução da CNBB, 2ª ed., 2002.

Direção-geral: *Flávia Reginatto*

Editora responsável: *Celina H. Weschenfelder*

Assistente de edição: *Daniela Medeiros Gonçalves*

Coordenação de revisão: *Andréia Schweitzer*

Revisão: *Viviane Oshima e Mônica Elaine G. S. da Costa*

Direção de arte: *Irma Cipriani*

Gerente de produção: *Felício Calegaro Neto*

Fotos: *Pe. Zezinho, scj e arquivo Paulinas*

Projeto gráfico e produção de arte: *Cristina Nogueira da Silva*

2ª edição – 2005

Paulinas

Rua Pedro de Toledo, 164
04039-000 – São Paulo – SP (Brasil)
Tel.: (11) 2125-3549 – Fax: (11) 2125-3548
http://www.paulinas.org.br – editora@paulinas.org.br
Telemarketing e SAC: 0800-7010081

© Pia Sociedade Filhas de São Paulo – São Paulo, 2003

PREFÁCIO

Escrevi este livro com uma única preocupação:
tentar melhorar o relacionamento dos crentes e religiosos uns com os outros.

Meus trinta e cinco anos de viagens e pregação nos estádios,
na televisão, no rádio e nos jornais e revistas;
as liturgias, os encontros, as observações que fazia e faço,
além do meu contato permanente no Brasil e em mais de quinze países
com os mais diversos grupos de Igrejas, revelaram-me Igrejas lindas,
pessoas lindas e santas, gente verdadeiramente de Deus.
Por isso, sempre que falo da comunidade de fé,
escrevo a palavra "Igreja" com "i" maiúsculo,
mesmo que não se trate da minha Igreja.
Tenho visto a mão de Deus agindo em todas as Igrejas,
por isso meu coração é ecumênico.

Sou um padre católico,
encantado com o testemunho de milhares de católicos,
mas também com a fé serena de milhares de evangélicos,
judeus, ortodoxos, anglicanos e budistas.

Posso não pensar nem ver a vida exatamente do mesmo ângulo,
mas vejo a luz de Deus neles
e vejo que eles amam a Deus de verdade.
Louvo a Deus por todas as religiões,
mesmo por aquelas de cujos princípios ou métodos eu discordo.

Na minha Igreja, há pessoas, devoções, métodos e pedagogias
com os quais eu não concordo,
mas isso não me dá o direito de negar o valor e a santidade
desses irmãos católicos, que não pregam como eu.
Sou capaz de discordar do seu jeito de crer,
mas ainda assim admirá-los!

Nós, que pretendemos ter fé pensada, refletida, inteligente,
capaz de aceitar sugestões, aberta ao aprendizado,
temos muito o que aprender uns com os outros.
E, quando queremos, aprendemos.

O Deus que ilumina aqui ilumina lá.
Deus não emite só um raio de luz. Emite luzes!
E elas não caem todas nos templos da minha Igreja.
Caem nos dos outros também.
É tolice enorme alguém achar que o holofote de Deus
só ilumina os nossos templos.
Ele faz santos em toda parte. Faz flores em toda parte!
Nós escolhemos o buquê!

Já escolhi o meu, que é Católico Apostólico e Romano.
Já tenho mãe e não troco a minha mãe Igreja por nenhuma outra,
mas posso achar, como acho, as mães Igrejas dos outros lindas e admiráveis.

Não relativizo.
Entendo como maldosa a afirmação de alguns irmãos católicos
que, ao verem um padre elogiar outras Igrejas,
concluem e espalham que ele está fazendo concessões para fazer amigos.
Já fizeram isso comigo e foi uma calúnia.

É perfeitamente possível ser amigo, admirar e dialogar
sem negar a própria fé.
Podemos ter convicções sem mentir para os outros.

Há coisas em minha Igreja que gostaria de ver mudadas;
há coisas que eu jamais mudaria.
Há coisas nas outras Igrejas que acho que serviriam para nós
e há coisas nas Igrejas dos outros que eu jamais traria para a minha.
Fico com a minha Igreja, seus valores e seus defeitos.
Respeito a dos outros com seus valores e seus defeitos.

Há um tipo de fé que me assusta,
tanto na minha Igreja quanto na dos outros.
É a fé que carrega dentro de si o triunfalismo,
a vaidade, a intenção explícita ou implícita de derrotar a outra Igreja,
a agressão frontal a outras religiões;
palavras duras, mentiras, insinuações, a teimosia cruel
de só apontar as falhas das outras para ressaltar os próprios valores;
o *marketing* agressivo e maldoso de pregadores
que mostram que tudo é lindo com eles e que com os outros tudo é errado.
Fazem o jogo sujo do mundo.

Os jornais deles colocam seus pregadores no céu
e diminuem as doutrinas e os pregadores dos outros.

Estão ébrios, bêbados de fé errada, enlouquecidos com suas Igrejas;
perderam a fé que anunciam.
Nem percebem que sua fé não é fé.
Por não rimar com humildade, sua fé também não rima com caridade.
Eles pregam a guerra.

Quando vejo um católico agindo
como se seu grupo tivesse todas as respostas na Igreja,
repreendo-o com a autoridade de um pregador que sofreu pela unidade.
Ninguém prega ecumenismo impunemente.
Corre-se sempre o risco de ser deturpado,
ou acusado de *irenismo*, mesmo que não seja verdade.

Irenismo é a atitude daquele que, para ter boas relações com os outros,
faz concessões de moral ou de doutrina.

Quando vejo evangélicos ou autoproclamados crentes
vociferando contra nós católicos, em seus programas de rádio,
ou diante de nossas catedrais;
ou quando os vejo no Congresso,
em vez de propor os seus dias santos,
tentando cancelar nossos dias santos oficiais,
encho-me de pena e oro por eles.

Já li o que aconteceu com todos os crentes
e fiéis vaidosos que impuseram sua fé aos outros.
Foram milhões de mortos por causa desses pregadores.
Religião que não rima com ternura acaba rimando com loucura.

Escrevi, pois, estas linhas na esperança de ajudar,
ao menos as pessoas de boa vontade, a buscar uma fé aberta,
dialogante, inteligente e fraterna, que respeita a fé dos outros.

Se você, que está lendo este começo de livro,
não concordar com meu jeito de falar e pensar,
critique-o e jogue-o no lixo.

Se concordar, passe adiante.
Estamos precisando, em todas as Igrejas,
de pessoas que creiam com os outros e não contra os outros.

Por isso este livro tem o título: *A fé humilde.*
Religião que não tem nada a aprender com as outras
também não tem nada a dizer para as outras.

Que seja eternamente condenada a viver como seita,
na sua vaidade de achar que tem todas as receitas,
e por isso não respeitando e não aceitando os outros crentes.

Uma coisa eu sei sobre a vida.
Quem dialoga, ouve os outros e vê beleza neles, é de Deus.
Deus trabalha sempre com o *sim-bólico.*
Sim-bólico em grego quer dizer: o que aproxima e une.
Quem ataca, separa, só vê pecado e erro lá fora,
da porta de suas igrejinhas, não é de Deus.
O diabo é *dia-bólico. Dia-bólico* é o que separa e desune.
O diabo ataca e separa. Deus aproxima e une.

Quem não tem fé ecumênica não tem fé humilde.
Se tem, é fé confusa.
Quero os crentes acreditando juntos,
mesmo que não pensem nem orem da mesma forma;
como as flores de um jardim, todas elas com sua beleza,
a enfeitar, juntas, o mundo ao seu redor,
mesmo que não exalem o mesmo perfume...

P. Zezinho scj

Casa 6

Casa 5

AS ÊNFASES DA FÉ

São duas casas, duas famílias vizinhas, dois tipos de fé católica. Não freqüentam a mesma paróquia, nem os mesmos retiros, nem ouvem os mesmos pregadores. Não lêem os mesmos livros. Não ouvem os mesmos cantos nem compram os mesmos CDs. Não assinam as mesmas revistas nem vão aos mesmos *shows*, exceto quando o cantor religioso é aceito por todos os grupos de Igreja, o que é raro.

O casal da casa 5 privilegia os grupos de oração. O da casa 6, os grupos de ação. O casal da casa 5 simplesmente não se envolve com movimentos sociais ou políticos. O da casa 6 vê com simpatia a luta dos sem-teto, dos sem-terra e torce por uma mudança política no país. Um não votaria em hipótese nenhuma num candidato de esquerda. O outro tranqüilamente o fez e fará.

O casal da casa 5 valoriza os sinais. O outro, mais as palavras e a doutrina. Na casa 5 há muitas imagens, escapulários e medalhas. Há muitos santinhos de oração. A mãe tem um oratório com imagens de vários santos. Reza-se o terço, sintonizam-se programas de rádio e televisão da linha "louvai e adorai, Jesus é o Senhor". Falam pouco ou timidamente de política. Acham estranho que um padre toque nesses assuntos. Chegam a pensar que quem fala dessas coisas tem pouca espiritualidade. Gostam muito mais de quem cita frases bíblicas e ensina a orar e confiar em Deus, porque Deus iluminará e converterá os indivíduos e, aos poucos, as nações. Só os verdadeiros convertidos que vivem para Deus poderão mudar um povo. Por isso, fogem de discursos que parecem esquecer que Deus é quem mudará a Terra, não os seres humanos. Olham para o alto para que Deus mande gente digna para governar o povo. Pregam o perdão, a misericórdia e a santidade pessoal. Evitam situações de conflito. Sentem-se um rio que corre, mesmo que haja pessoas querendo barrá-lo. Estão convencidos de que suas orações de poder mudarão o mundo. Oram porque acreditam que oração vale mais do que discursos.

Na casa 6 há poucas imagens e ninguém ora diante delas; ora-se o rosário, mas não todos os dias. Preferem os pregadores que tocam em temas sociais. As leituras falam de militância política e de transformar o país e o mundo, lutando pelo direito e pela justiça. Com a graça de Deus e iluminados pela fé, esperam influenciar as leis do país e devolver aos pobres a cidadania. Olham para o alto, apontando, contudo, para a terra e pedindo a graça de saber motivar seu povo a fazer leis certas e a criar situações justas. Querem a justiça e a paz e sentem que o Reino de Deus virá de um povo que caminha e constrói a fraternidade. Sua ênfase é na justiça do Reino e na paz que nasce da justiça. Não querem conflito, mas não fogem dele. Acreditam na força da palavra e do discurso.

Acham que a Palavra de Deus inspira a palavra do profeta e que o profeta tem mais é que falar ao rei, aos governantes e ao povo sobre os direitos de Deus e os direitos dos pobres. Não se comprometem com os donos do dinheiro. Não aceitam o neoliberalismo, como não aceitavam o comunismo. A doutrina social da Igreja os guia. Ele foi seminarista e estudou até o segundo ano de teologia. Conhece a proposta social da Igreja.

A família da casa 5 é vertical. De vez em quando abre os braços, mas prefere erguê-los. Sente-se chamada a orar pelo mundo. A família da casa 6 é horizontal e de vez em quando ergue as mãos, mas entende que deve usá-las para abrir caminhos.

Aos poucos as duas famílias descobrem que precisam mudar. A da casa 5 está se inquietando mais com a situação dos pobres, está sendo motivada pelo comportamento caridoso e pela preocupação com os vizinhos. A família da casa 6 percebe que seus vizinhos da casa 5 não apenas oram e louvam, eles gostam disso, mas têm ajudado muito as obras sociais. Já começam a entender que suas ênfases não se opõem. Um admira o jeito do outro e já começam a mostrar trechos de seus livros, canções de seu grupo, um ao outro. E estão sentindo que Deus inspira os dois enfoques.

Talvez, seus filhos acabem se reunindo mais do que eles... valorizando as duas linhas da cruz: a vertical e a horizontal... Na verdade, os dois lares estão se tornando mais católicos. Um já ouve o outro e até já trocam revistas, livros e canções... Estão bem mais abertos para acolher o jeito do outro! Aleluia! Vamos à luta, irmãos!

*Deus iluminará
e converterá as pessoas, aos poucos.*

O CATÓLICO RACIONAL

Há muitas maneiras de ser católico. Uma delas é a dos que pensam, interligam os fatos, guardam o que presenciam lá no fundo do coração e, como Maria, procuram entender fato por fato. Não é que Maria não se entusiasmasse. Sabemos que exultou de alegria. Mas sabemos que usou, e muito bem, da razão para entender o que se passava com ela.

O católico racional guia-se pela fé e pela razão. Dá um peso maior ao pensamento do que ao sentimento. Sua razão filtra tudo, antes de levar ao coração. Quer saber por que, mesmo que nem tudo tenha explicação. Mas faz o esforço. É como Paulo de Tarso, Agostinho de Hipona, Teresa d'Ávila, Tomás de Aquino, Duns Scotus, Alberto Magno e santos pensadores que a Igreja canonizou, por achar que o esforço de querer entender o mundo e o céu é uma forma de santidade.

Há católicos que buscam mais conhecimento. São os católicos intelectuais. Colocaram sua razão a serviço da fé. Seu catolicismo tem muitas interrogações; mais perguntas que respostas. Mas as respostas são suficientes para crerem como cristãos e católicos. Querem saber mais sobre o mundo, sobre a vida e sobre o Criador.

O tempo todo mergulham no conhecimento de Jesus. Como Paulo aos Efésios (3,18), querem todas as dimensões: altura, profundidade, comprimento e largura do mistério do Cristo. Não acentuam nem supervalorizam apenas um dos aspectos. Buscam o Cristo total. Mas vigiam sua razão e seus sentimentos. Não sabemos o suficiente e nossa razão pode errar, e erra. Nem tudo o que sentimos é correto, posto que se pode sentir de modo errado. Nem sempre é o céu que nos fala, nem tudo é conclusivo, mesmo que pareça. Não se acham mais cristãos do que os outros. Mas sua fé é pensada, refletida. Conjugam o verbo *crer* ao lado do verbo *entender*.

Valorizam a sabedoria. Gostam de estudar teologia, sociologia e comportamento humano. Não lêem só o que gostam de ler. Realmente querem saber das coisas. Não se prendem aos livros de seu movimento ou corrente de espiritualidade. Procuram a sabedoria que Deus deu também aos pregadores de outros movimentos. Fogem do sectarismo espiritual.

Acolhem o mundo, que sabem que é pecador, e tentam entendê-lo mais do que condená-lo, denunciá-lo e convertê-lo. Conjugam primeiro o verbo *compreender* para depois conjugar o *converter*. Estão no mundo sem compactuar com ele, mas não o rejeitam, porque Deus não o rejeitou. Valorizam o carisma do discernimento. Diante das ofertas do mundo e da religião, não se deixam enganar com *jingles*, palavras de ordem, frases feitas, repetições, expressões que todo mundo usa, palmas, entusiasmo, simpatia do pregador. Acham tudo isso lindo, mas consideram como chantili e penduricalho da fé.[1]

O que buscam é o conteúdo. Se não combina com a Bíblia, com a tradição, ou se lhes parece mágico e imediatista demais, descartam a prática ou o argumento.

As frases "Estou sentindo neste momento...", "Eu vi", "Eu senti", "Deus me disse", "Deus está dizendo agora", "O Senhor me revelou", "Jesus está me dizendo" não mexem com eles. Não aceitam esse tipo de revelados ou de revelações. Dão tempo ao tempo para ver se foi mesmo inspiração. Milagre? Só depois de comprovado. Na hora, aplaudido e proclamado, ali mesmo, pelos presentes e seguidores do milagreiro, não!

---

[1] *Estudos da CNBB* n. 84. Segunda semana brasileira de catequese. São Paulo, Paulus, 2002.

Nenhum vidente, revelado ou pregador com recados quentes recém-chegados do céu os comove. Nada de "neste momento, agora, já". Querem saber se ontem, hoje e no futuro isso fez ou fará algum sentido. Estão atentos contra qualquer manipulação da fé, seja ela praticada pelos intelectuais ou pelos sentimentais e iluminados da hora.

Basta-lhes o que está na Bíblia. Os novos profetas, apóstolos, revelados ou pregadores precisam lhes provar que falam em nome do céu. Crêem com o coração guiado pela inteligência e pela razão. Como são Paulo, dizem: "Sei em quem acreditei..." (2Tm 1,12). Sua cabeça é católica, e seu coração deve obedecê-la. Entendem que a fé supõe adesão consciente e inteligente. Por isso deram a cabeça para Deus. Sentem que este é o seu chamado: entender, compreender, discernir e só então anunciar a verdade.

Cuidemos agora
de orar e agir
com Deus
e o resto nos será dado
como acréscimo.

O CATÓLICO CORDIAL

Existe um outro tipo de católico: o dos católicos cordiais. Colocaram os olhos no coração, e é através dele que enxergam tudo. Não é a maioria, mas alguns chegam a desprezar os estudos, a pesquisa e a procura por saber mais. Consideram isso descartável e dispensável. Para quê, se Deus guia e vai dizendo o que fazer aos que oram e se deixam conduzir pelo Espírito? Apostam no seu sentimento e garantem que o coração sabe e acerta muito mais do que a razão. Chegam a fazer parte da pregação de alguns sacerdotes.

Entusiasmo é a palavra. Acham que chegaram ao cerne da questão. Enquanto o intelectual vive de *intus-lectio* (ler dentro e fundo), eles vivem de *intus-eo* (sentir e intuir). Seria injusto dizer que não usam da inteligência. É claro que usam e até estudam, mas preferem os livros de seu grupo, seu movimento, seus escritores e pensadores. Não se arriscam a ler textos de outras vertentes ou de outros ângulos. Sua leitura é seletiva e defensiva. Lêem com gosto tudo o que vêem do seu lado e contém sua linguagem e sua terminologia. É seu alimento. Nada que venha com outros termos ou de outras vertentes de pensamento católico.

Lêem com as lentes de seu grupo que, em geral, têm as cores do sentimento. Seu argumento é o seguinte: não basta saber que Deus colocou uma mesa farta à nossa frente; temos de experimentar e degustar. Só sabe quem experimenta e prova. Mas em geral só provam de alguns pratos. Não se arriscam a provar pratos que não tenham os seus ingredientes preferidos. Nas suas bibliotecas e discotecas, para cada cinqüenta livros ou CDs, apenas três ou quatro são de outras vertentes da catequese.

O restante é da sua linha de espiritualidade, e adota sua linguagem verbal ou musical.

Privilegiam o momento: "Jesus está me dizendo agora", "Deus me disse", "Sinto que Deus está operando aqui", "O Espírito Santo está me dizendo que um de vocês está com uma dor no peito", "Ouça o que Deus tem para lhe dizer agora". Para um grande número deles, o passado não interessa. O futuro virá naturalmente se viverem intensamente o agora da fé. Deus os guiará, se viverem agora totalmente para Jesus. Do amanhã, Deus cuidará. Cuidemos agora de orar e viver em Deus e o resto será dado como acréscimo.

Ouvem a voz do coração e falam com o coração. Neles, o pensar vem do sentir. Fecham os olhos para sentir e interiorizar. Seus mentores os levam freqüentemente a isso. Encontram dificuldade em seguir e ouvir pregadores que mexem com a inteligência e com a razão. Sentir a fé é um critério fortíssimo na sua vida. Crêem porque podem sentir. Até suas canções dizem isso. Questionam e receiam os outros pregadores; raramente questionam os seus. Acham que Deus fala por eles. Na dúvida, apostam no pregador que lhes fala ao coração e que os conduz a práticas e conceitos que não são os de toda a Igreja. Tais pregadores usam e abusam das expressões: "Deus quer", "Deus espera", "Deus lhes pede".

Seria simplório afirmar que estão errados. Melhor seria dizer que optaram por uma das ênfases da fé e ainda não viram a necessidade de se abrir às outras. Por que fariam isso, se estão sentindo Deus como nunca sentiram? Por que experimentar os outros sabores, se têm aquilo de que gostam e que os satisfaz plenamente? Por que procurar mais, se já acharam?

CRER CERTO E CRER ERRADO!

Refletir sobre as várias maneiras de expressar a nossa fé pode ajudar a melhorá-la e aumentá-la.

Pode-se crer com sinceridade nas coisas certas e de maneira certa.

Pode-se crer com sinceridade nas coisas certas, mas de maneira errada.

Pode-se crer com sinceridade nas coisas erradas e, ainda, de maneira errada.

A Bíblia está cheia de histórias de gente que acreditava sinceramente que servia a Deus e mandava matar seus parentes ou inimigos.

As duas filhas de Ló dormiram com o pai achando que faziam a vontade de Deus, porque mais importante que qualquer coisa era ter filhos.

Deus se dispôs a perdoar um povo inteiro a pedido de Abraão (Gn 18,18-30). Moisés, quando desceu do monte onde se encontrou com Javé, vendo o povo em idolatria, mandou os levitas matarem três mil deles. Achou que servia a Deus matando-os (Ex 32,19-28). Ora, Javé é o Deus que não quer sacrifícios de morte e sim misericórdia (Mt 9,13). Não quer a morte do pecador, mas que o pecador se converta e viva!

O mundo registra aberrações enormes: mortes, guerras e massacres cometidos em nome da fé. Alguém não entendeu o que é crer em Deus e ensinou errado aos seus seguidores.

Uma reflexão sobre a fé e as várias maneiras de crer de forma certa e errada pode ajudar.

Venha comigo!

FÉ SINCERA

Comecemos pela fé sincera que muita gente tem,
mas somente ela não basta.

Uma coisa é a fé esclarecida, inteligente, verdadeira,
e outra é a fé sincera.
Nossa fé deve ser sincera
e deve também ter outros atributos para ser boa.

Os fanáticos são donos de uma enorme fé,
que, além de tudo, é sincera,
mas nem por isso é bem-educada,
gentil, esclarecida, dialogante e verdadeira.

Não basta ser sincero!
O Reino dos Céus exige mais do que sinceridade.
Exige bom senso e caridade.

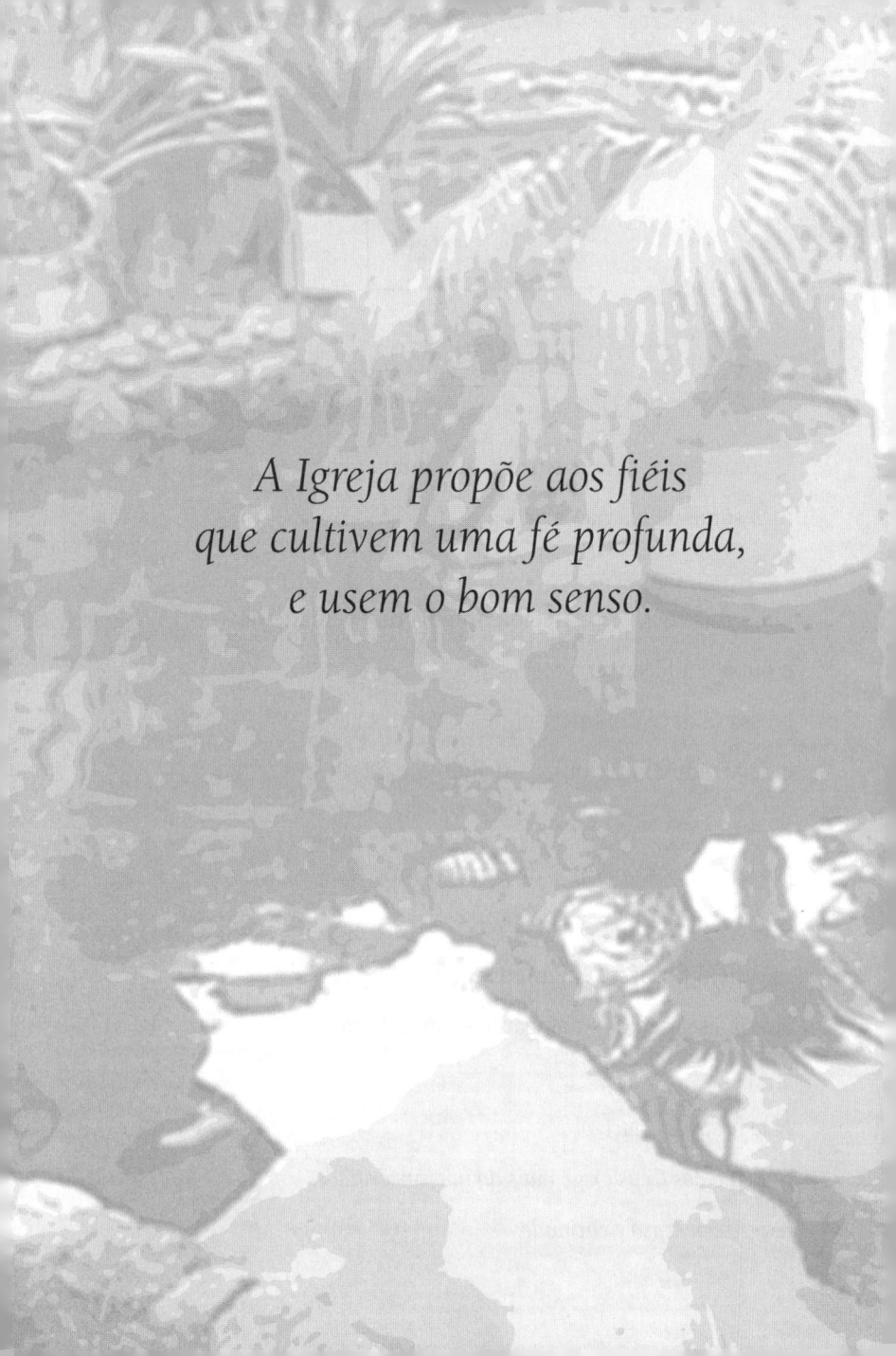

*A Igreja propõe aos fiéis
que cultivem uma fé profunda,
e usem o bom senso.*

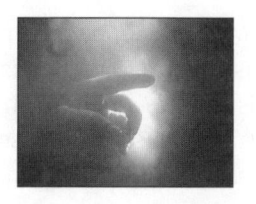

FÉ PRUDENTE

Há uma fé imprudente e uma fé excessivamente prudente. O crente imprudente comete tolices incríveis em nome de sua fé. Garante que, se todos orarem, vai chover no fim da procissão. Se não chover, ele culpa o povo, que não trouxe o guarda-chuva e por isso, Deus não os atendeu. É um discurso de quem brinca de ser profeta. Se chover, ele colhe os louros e é aplaudido como profeta. Do contrário, culpa o povo que não orou o suficiente. Ele sempre se sai bem! E continua suas imprudências, anunciando milagres que não podem ser comprovados e mensagens que Deus certamente não lhe soprou nos ouvidos. A ele se aplica o que disse Jeremias sobre os profetas imprudentes do seu tempo, que buscavam as luzes e o aplauso do povo gritando frases de efeito que as pessoas queriam ouvir: "Nossa nação será poupada, porque somos um povo maravilhoso. Não passaremos fome...".

E o Senhor respondeu a Jeremias: "Há profetas que anunciam mentiras em meu nome. Eu não os enviei, não os indiquei e não falei com eles [...]. É tudo invenção de suas cabeças" (Jr 14,14-16).

A idéia de santidade envolve o conceito de fidelidade a Deus e de amor ao próximo. Muita gente consegue ser fiel à Igreja dentro daquilo que aprendeu no catecismo. São pessoas amorosas, gentis e serviçais para com todos. Tais pessoas são, evidentemente, santas. Em geral são prudentes.

Há os excessivamente prudentes.

Talvez, quem sabe. Melhor não, poderia piorar. Deixemos para depois. Não convém dizer isso agora. Sim, temos de denunciar essa situação, mas pode haver mais conflito ainda... Sim, aquele vidente está exagerando, mas como enfrentá-lo e silenciá-lo sem fazer o povo se voltar contra a diocese? Quem sabe ele muda? Vamos orar por ele.

Há santos que pensam muito antes e santos impulsivos. E há os que perdem sua santidade exatamente porque não fazem nada em favor do Reino. Deixam tudo correr de qualquer jeito e não tomam nenhuma atitude, quando lá fora há desemprego, fome e violência.

Alguns santos, por terem recebido uma razoável formação filosófica e escolar, aprenderam a raciocinar a sua fé. Além de crer em Deus e dar a ele o coração, também deram a cabeça.

Outros que fizeram coisas que se todo mundo fizesse não daria certo. Aquele que não guardava nenhum dinheiro e queria que suas escolas e hospitais vivessem do dia-a-dia foi uma enorme exceção. Se todos os hospitais do mundo vivessem disso, fechariam.

Viver o dia inteiro adorando a Deus em cima de uma coluna, como Simeão, o estilita, é um tipo de santidade que hoje não faria sentido.

Também aquele santo que guardava os pães até embolorarem e só então os comia não seria um bom exemplo a ser seguido. O mesmo se diga daquele que jejuava seis meses por ano.

A Igreja propõe aos fiéis que tenham uma fé profunda, mas usem o bom senso. Não vale qualquer comportamento. Não vale dizer qualquer coisa para atrair as multidões. Fé tem de ser inteligente e prudente, mas há um momento em que prudência demais se torna omissão.

Felizes os prudentes que, quando é preciso, rompem as cercas e vão lá exigir que a empresa pare de poluir a lagoa de onde o povo tira a água para beber...

Lembra-se de Jesus com o chicote no templo?

FÉ QUE NASCE DO AMOR

Não há fé verdadeira quando não existe amor.

Desconfie de quem diz que tem fé mas não ama,

ou só ama os do seu grupo.

Desconfie do pregador agressivo que adora atacar outras Igrejas

e encher seus jornais ou livrarias de artigos ou livros

contra a fé ou a Igreja alheia.

O que você diria de um vendedor que,

para vender o seu produto,

passasse meia hora falando mal do produto dos outros?

Pregador sem amor é mais impostor do que pregador.

Pelos frutos o conheceremos (Mt 21,18).

Se o fruto não for diálogo, ternura e fraternidade,

ele tem religião, mas não tem fé!

FÉ HUMILDE

Primeiro, Tomé foi ousado e exigente.

"Só crerei se tocar nele."

Exigiu provas, mas depois foi humilde.

Reconheceu seu erro e aceitou a lição.

"Cremos, Senhor, mas aumentai a nossa fé",

disseram os discípulos (Lc 17,5).

Foi fé humilde.

Admitiam crer menos do que deveriam.

Por isso cresceram na fé.

Uma coisa é fingir humildade de olhos fechados

e de cabeça inclinada diante da assembléia.

Outra é ser realmente humilde,

buscando o certo para a Igreja e para todos,

ouvindo e aceitando ser corrigido.

Uma coisa é fazer teatro para ganhar adeptos

e outra é ter uma fé verdadeiramente humilde.

Francisco de Assis, Teresa de Calcutá, Charles de Foucauld,
Helder Camara, Mahatma Ghandi, Dag Hammarkjoeld
e milhares de pessoas santas de todas as religiões foram humildes.
Tiveram seus defeitos,
como todo ser humano, mas venceu a fé humilde.

Preste bem atenção nos pregadores.
Nem todos os que parecem humildes o são.
Busque os verdadeiros.
Mesmo incomodando, são muito mais humildes
do que os que jamais entram em conflito com os outros,
e que também jamais enfrentam a verdade.
Dificilmente se comprometem.

Usam a Palavra de Deus como se usa um sabonete.
Escorregam por ela.
Fazem qualquer coisa para não perder os adeptos
ou a popularidade.

Humildade rima com verdade.
Quem finge ter muita fé, ou mente para estar bem com todo mundo,
não é humilde. Nunca foi!
Jesus foi humilde, mas nunca deixou de dizer o que tinha de ser dito!

FÉ ESCLARECIDA

"Nessa, eu creio! Nessa, não!"
É o que dizia o padre diante do tema: "Aparições de Maria".

Ele não negava que Deus podia nos enviar mensageiros;
mas, por ter fé esclarecida, insistia que,
na maioria dos casos de aparições de Maria,
a Igreja tinha reservas, pois a maioria se mostrava enganosa.

A fé precisa ter critérios exigentes.
Crer em Adão e Eva é uma coisa.
Crer que foi da costela, que foi um boneco de barro,
que a fruta foi a maçã e foi a cobra que falou
é fé desinformada.

*O cristão bem informado tem de saber o que é parábola (história imaginada)
e o que é fato concreto (história real).*

Se você ainda acredita que, no sétimo dia depois da morte,
Maria vai retirar do purgatório quem rezou quinze terços,
sua fé é confusa. Está faltando um pouco de catequese na sua vida!

A fé da Igreja ficou bem mais inteligente e articulada.
Não podemos crer exatamente como se cria ontem.
Muita coisa de ontem foi corrigida pelo magistério da Igreja.
Jesus também mudou muita coisa no judaísmo.
O que era bom ele manteve e o que não fazia
mais sentido ele mudou.
Lembra-se da lei de não trabalhar no sábado? (Mt 12,1-15)

Insistir em voltar às devoções antigas,
ao *kit* de treze medalhas,
sem nenhum raciocínio catequético,
só porque isso arrasta multidões,
é trocar quantidade pela qualidade.
Jesus nunca fez isso!

O que vai acontecer com o sujeito que deixar de usar
uma daquelas treze medalhas? E se usar só três?
E se não usar nenhuma?
Deus deixaria de atendê-lo ou de ouvi-lo
em razão do número de medalhas?

Creio e sei no que e por que creio.
Sem isso a fé embrutece...
E fé sem raciocínio é meio passo para o fanatismo.
É disso que o charlatão gosta.
Quanto mais ingênua a fé, maior domínio ele terá sobre seus adeptos.

FÉ FORTE

Fé forte teve a mulher de Canaã, a cananéia.
Que mulher incrível! Não houve jeito!
Não largou do pé de Jesus.
Não sairia de perto dele sem a graça para sua filha.
E conseguiu!

Jesus mesmo diria, noutra passagem,
que a verdadeira oração é persistente.
Devemos bater, pedir, buscar... (Mt 7,7).

A dela foi bem isso. Insistente. Pediu até ganhar.
Não estava pedindo para si!
Era pela vida que ela gerara com a graça de Deus!

Tinha respostas para tudo.
Que mulher admirável!
Que mãe convicta!

Jesus poucas vezes perdeu um argumento.

Mas, para aquela mãe, foi um prazer perder.

Voltou atrás no que dissera e a atendeu.

Nada abalou a fé da distinta senhora.

Sabia com quem estava falando.

"Quero ver se ele me nega isso!"

Sem o saber, fez como Maria nas bodas de Caná.

Insistiu e se deu bem.

A filha recuperou a paz.

Fé forte, teimosa, mas humilde!

Oração de mãe é outra coisa.
As mães que o digam!

FÉ TRISTE

Há flores murchas nos nossos jardins.

Nem por isso deixam de ser flores...

Mas seriam mais bonitas, se alguém as tivesse regado...

Alguns fiéis são trágicos em tudo.

Até no jeito de crer.

Parece que, no batismo,

alguém lhes deu uma injeção de limão.

São tristes, fechados, profetas da dor.

Cristãos cheios de ai, ai, ai... ui, ui, ui...

Não riem nunca, não se soltam nunca!

Anunciam um Jesus triste,

eternamente chocado com o mundo imundo,

chorando pelos pecados da humanidade.

Fé sem alegria é fé ao avesso.
O povo tem razão quando diz que
"um santo triste é um triste santo",
ou que
"um santo que não brinca é um caso sério".

A fé, às vezes, passa pelas turbulências da tristeza,
mas o vôo continua e acaba por encontrar a calmaria.

Cuidado com os pregadores mal-humorados
e com cara amarrada.
Anunciam mais a cruz do que a ressurreição,
mais o inferno do que o céu,
mais o castigo do que o perdão!

Fé que não brinca de vez em quando
é fé pessimista.
E isso é uma contradição!
Crer no poder de Deus
é achar que Deus perderá?

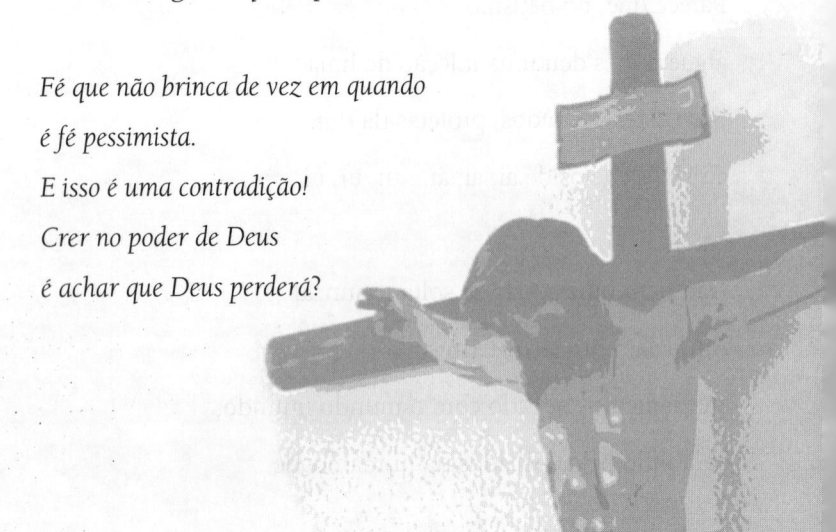

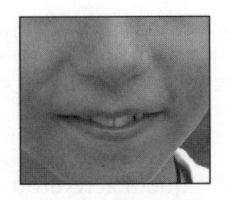

FÉ FELIZ

Sou feliz por ser católico
e espero que meu irmão evangélico
seja feliz por ser evangélico
e que todos os que acreditam em Deus
sejam felizes por crer no Criador e poder falar com ele.

Existe uma fé feliz, de quem está de bem com a vida,
com os outros e consigo mesmo.
Todo aquele que realmente encontrou o Criador,
em geral, é feliz.

Não faz os outros infelizes, não agride, não azucrina,
não incomoda, não levanta a voz,
não critica, não ofende, não pisa em ninguém.

Não atropela, não passa para trás,
perdoa e não deixa que alguém o torne infeliz.

Ele sabe o suficiente sobre o ontem, o hoje e o amanhã,
para não se atrapalhar com detalhes desnecessários.

É feliz porque sabe em quem acreditou.

Cristão que nunca ri deveria repensar sua fé.
Falta nela o bom humor do amor.
Amor sem bom humor não é bom amor.
E fé sem bom humor é fé com pouco amor.

FÉ CEGA

Cegueira não é virtude.

Não se recomenda sua prática.

Nem em nome da fé.

Quem se comporta como cego para o mundo

acabará tropeçando porque quis e não porque não viu.

Se o cego pudesse, gostaria de poder ver.

Uma coisa é ser cego, outra, agir como um.

Por isso, a fé cega, longe de ser virtude, é imaturidade.

Nossa fé precisa ser inteligente.

Vale mais a fé que pergunta,

como a de Maria diante do anjo,

do que a fé cega.

Querer saber o porquê das coisas é bonito e é bom.

Creiamos em Jesus, mas não de olhos fechados.

Ingressar cegamente num casamento é tolice.

Quando menos se espera, o outro vai embora!
Aderir cegamente a uma Igreja é tolice dupla!
Nem os fisicamente cegos fazem isso!

Quero ver o mundo e enxergar o suficiente
para saber para onde ele está me levando.

As pessoas de fé cega, na sua maioria,
não estudam nem se aprofundam
e ainda proclamam isso como virtude!
Agem como cegos que poderiam mas não querem ver.

Fé cega, não!
Fé inteligente, sim.
Fé confiante,
mas de olhos abertos!

FÉ CONFUSA

O homem que disse que Deus o mandara mutilar a mão
tinha fé, mas fé confusa!
Se tivesse prestado atenção,
entenderia que Jesus falara em parábola (Mt 5,29-31).
Ele não quer que nos mutilemos.

Entendeu mal a Bíblia e deu-se mal!
Ficou só numa frase!
Fez como o sujeito que parou na terceira linha da carta
e nunca ficou sabendo o que realmente sua namorada quis dizer.

Na terceira linha ela dizia:
É melhor acabarmos com nossa relação, que não nos leva a nada...
Se ele tivesse lido toda a carta,
veria que na vigésima linha ela concluía
que aquela era a opinião dos outros,
mas a dela era outra:

deviam continuar porque ela o amava.
Confuso nos seus sentimentos, ele reagiu errado
e perdeu a chance de ser feliz com a moça.

A maioria das pessoas de fé confusa
faz e diz coisas que a Bíblia não mandou, nem disse,
mas, como leu só aquela passagem,
concluiu errado.

A Bíblia pode nos confundir.
Se lermos só um trecho dela, podemos errar.
Ela vale pelo todo e não pelas suas frases isoladas.

A fé que não contempla o todo da vida
e que se baseia apenas em alguns pontos
é fé confusa. O amor também!

Há pessoas que só praticam a justiça da Bíblia,
nunca o louvor, o perdão ou a misericórdia.
Há os que só pregam o louvor e jamais a justiça!
Confundiram um pedaço da fé com a fé
e por isso vivem uma fé aos pedaços.

*Não acredite
em quem diz que cometeu
algum ato porque Deus
mandou que o fizesse.
Primeiro, veja se é uma pessoa
serena e equilibrada.
Ela pode ter ouvido
coisas que Deus nunca falou
nem jamais falaria...*

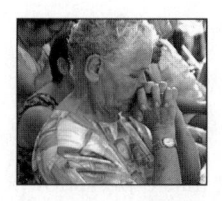

EXCESSO DE FÉ

Existe remédio em excesso
e tudo em excesso faz mal.
Pode-se comer uma sobremesa em excesso.
Era deliciosa, mas fez mal por causa do exagero de quem a comeu.

Até as coisas boas precisam de uma dose certa para fazerem bem.
Carinho, comida, bebida demais fazem mal.

Fé é como remédio ou alimento.
Pode curar ou piorar. Depende do uso que dela fizermos!

Acreditar demais e em tudo sem examinar cuidadosamente,
como pede são Paulo em sua carta aos Coríntios (14,29),
é ingenuidade.

Quem aposta que Deus vai fazer determinada coisa
e garante isso aos outros, em nome de alguma frase dos evangelhos,

que não entendeu direito,
tem fé demais (2Cor 13,5).

A frase pode estar lá, mas o pregador pode não a ter entendido.
O diabo também citou frases da Bíblia para Jesus,
mas Jesus sabia mais do que ele.

*Não engula frases isoladas da Bíblia gritadas por pregadores espertos
e feitas sob encomenda para angariar adeptos confusos.*

*Que sua fé seja inteligente. Excesso de fé é fé errada.
Acaba enjoando. Pior do que isso: acaba em fanatismo!*

BÍBLIA AO PÉ DA LETRA?

Saí de um grupo de oração em que havia católicos e pentecostais que insistiam em interpretar a Bíblia ao pé da letra. Lutei pelo que acho correto, mas a liderança fundamentalista era forte demais. O pároco não deu importância a isso. Estou errado em lutar por essas coisas? Acho o cúmulo dos cúmulos interpretar a Bíblia ao pé da letra.

(Carta de Dalmo Servé, São Paulo)

Dalmo, paz

É uma pena que haja grupos que se fecham, quando o próprio Jesus, enfrentando fariseus e saduceus, interpretou os livros sagrados aplicando-os ao seu tempo. Há centenas de livros explicando a Bíblia com seriedade e serenidade em todas as Igrejas. Pelo visto, o grupo daí não lê tais livros nem segue suas próprias Igrejas. Pela sua descrição de cinco páginas, está nascendo aí mais uma Igreja dissidente. Em geral, é assim que elas começam. Lideranças fortes interpretam do jeito delas a Palavra de Deus e, indispondo-se contra as suas Igrejas, criam uma nova. Posso imaginar que o pároco esteja tentando salvar esse grupo e por isso não o enfrentou. Desejo bom resultado ao pároco que não interveio, até o momento, num grupo fundamentalista, e usa sua paróquia para as reuniões. Mas terá de fazê-lo um dia desses. Se não for ele, seu sucessor...

Seu grupo não entendeu que quando a Igreja fala em histórias da salvação não está se referindo só a fatos concretos, mas também a histórias que edificam e salvam. As parábolas do filho pródigo (Lc 15,11) e do bom samaritano (Lc 10,25) também são histórias da salvação, porque ajudaram a salvar muita gente, embora não fossem um fato concreto e sim histórias contadas por Jesus. Ele contava histórias para ensinar lições de moral.

Há um tipo de católico e evangélico que toma tudo ao pé da letra, e insiste que o que está na Bíblia é para ser vivido assim. Jesus manda cortar a mão e arrancar o olho para evitar o pecado. É claro que se trata de expressões simbólicas (Mt 5,30). No entanto, nunca vi nenhum fundamentalista fazer isso, já que eles dizem que é para se seguir tudo como está escrito. Nesse caso, admitem que se deve adaptar a Bíblia. Jesus nunca mandou batizar em piscinas. Também não mandou comprar rádio nem televisão. Mandou pregar de cima dos telhados. Aí, eles interpretam. E Jesus condena o excesso de ênfase no dízimo. Mas é o que muitas Igrejas fundamentalistas fazem. Como se vê, eles também interpretam bem a Bíblia quando é a seu favor. Isso, quando não dizem que não precisam cortar nem mão nem furar olho, porque estão salvos; Jesus os cobriu agora com seu manto, portanto, o mandamento é para outros e não para eles que estão salvos como redoma naquela Igreja...

Os fariseus gostavam de usar o santo livro para atacar Jesus. Mas quando Jesus o usava para provar que estava certo, chamavam-no de blasfemo e endemoninhado (Mt 21,42; 22,29; Mc 14,49; 24,27; Jo 5,39). Sua fé não era nem honesta nem humilde.

O mal dos fundamentalistas é achar que o livro está a favor deles e contra quem não crê como eles.

Fez bem em sair. Procure um grupo mais aberto e mais cristão. O seu parece que se fechou. Já não ouve a Igreja ou Jesus. Ouve os três líderes. É mais grupo deles do que da Igreja. Isso tem acontecido muito nestes últimos tempos, em todas as Igrejas. Releia Paulo (2Tm 4,1-5). Ele já previa isso!

ESCRITORES HUMILDES

Um grande proprietário quis perpetuar a paisagem onde morava. Para isso, chamou cerca de cem autores e pintores, mandou que observassem a paisagem até a linha do horizonte, do melhor modo possível e com os melhores recursos que cada um tivesse.

Pediu que fossem criativos, mas não mentissem. Daria apoio a todos, menos a quem mentisse. Deveriam retratar o que viam e como viam. Deu algumas idéias centrais sobre o que queria e deixou que trabalhassem.

Muito, mas muito tempo depois, que pareceram séculos, eles finalmente tinham, um por vez, concluído seus trabalhos. Eram verdadeiros e bonitos de se ver e de se ler, mas tinham muitas contradições.

Tinham visto a mesma paisagem, mas não com os mesmos olhos, enfoques, cores, nem com os mesmos binóculos. Cada um pintou, escreveu ou cantou do jeito que viu e não do jeito que era.

Dava uma idéia da propriedade, mas se alguém quisesse saber como era, teria de ir lá, porque, somadas as visões dos artistas, a descrição ainda não era toda a verdade sobre a paisagem. Um deles chegou a dizer que o mundo não seria capaz de conter todos os livros que se poderia escrever sobre aquela visão.

Desde então, tudo aquilo foi reunido numa coleção chamada Bíblia (livros), e quem a lê de maneira inteligente sabe que aquilo vem da vontade e da inspiração do Criador da paisagem, porém, tem o olhar e o toque limitado dos seus artistas.

A Bíblia não é o olhar
de quem fez
a paisagem,
e sim de quem a olhou.

É por isso que a Bíblia
é um livro muito bom,
mas não é perfeito
e ainda não tem respostas
para tudo,
não por culpa
do inspirador,
mas de quem registrou
o que viu e ouviu.

LEITORES HUMILDES

Quem registrou a Bíblia o fez com os limites de sua mente, de sua cultura e de seu olhar. Eram todos eles gente boa, sincera, santa e profética, mas eram humanos. Eu leio com fé e carinho a Bíblia, na qual creio, mas nunca me esqueço de que quem a inspirou era perfeito e quem a registrou, não. Então fico no essencial.

Costumo dizer que a paisagem que eles descreveram é a mesma, mas divergiram nos detalhes. A Bíblia não engana. Apenas não diz tudo! E quem acha que ela diz tudo não a leu direito, porque um dos escritores, o evangelista João, diz que Jesus fez muito mais do que foi escrito. E se alguém quisesse registrar tudo o que Jesus ensinou, não haveria papel suficiente no planeta para tal empreitada (Jo 20,30-31). Ele exagerou, mas quis dizer uma verdade imensa: *o tema Jesus é inesgotável.*

Ficam perguntas exigentes, que só podem ser respondidas com uma boa dose de humildade no coração:

Quem inspirou esses livros? Quem os escreveu? Quem os copiou? Em que língua? Com que finalidade? Quando? Quem os traduziu? Para o grego, latim e o português? Quem interpretou aqueles textos antes de traduzi-los? Como chegou até nós?

Quem decidiu o que era de Deus e o que não era? Como sei que o autor queria dizer isso que estou afirmando que ele disse? Como sei que o que aquele padre ou um outro está dizendo é o certo? De repente, escolhi um padre simpático e com jeito de santo que me ensina errado. Nas questões de fé, simpatia ou jeitinho de santo não bastam. É preciso também conhecimento e cultura.

Como sei se aquele pregador, daquela Igreja, está pregando como ensinou Jesus? E quem, além de seus adeptos, afirma que a pregação de uma Igreja é necessariamente a ditada por Jesus?

Por que judeus, católicos e evangélicos possuem versões diferentes da Bíblia?

FÉ QUE DISCORDA

Discordar da fé do outro é inevitável, quando estamos num outro ângulo da fé. Forçosamente, nossa visão será outra. Por isso, a fé humilde tem perguntas pertinentes não de quem é contra, mas de quem quer saber mais e não se rende aos encantos de frases bíblicas, gritadas num púlpito, às vezes fora do contexto.

Se os padres divergem tanto, qual deles eu sigo? Se os pastores e as Igrejas divergem tanto, por qual o evangélico deve optar? Como sei que esta frase está no contexto e não está sendo manipulada por um pregador unilateral e fanático?

Será mesmo que é o Espírito Santo que guia as palavras do meu irmão?

Qual das mais de vinte versões da Bíblia, em português, está mais próxima da original? Como será a versão original?

É certo ler a Bíblia ao pé da letra? É certo interpretá-la de qualquer jeito e ignorar os quase vinte séculos de estudo das Igrejas? É certo pastores e padres brigarem por causa de passagens da Bíblia, cujo original eles nem leram? Como usar a Bíblia de maneira inteligente e sem fanatismo católico, evangélico ou pentecostal?

Como sei que algumas coisas da Bíblia eram só histórias que não aconteceram, e outras são fatos verdadeiros? O que mudou no

Novo Testamento com relação ao antigo? O que o próprio Jesus mudou? O que os apóstolos mudaram, acrescentaram ou suprimiram? A Bíblia evoluiu ou segue o original, e não pode ser mudada nunca?

Como ter certeza de que os LXX (setenta), a Vulgata ou a Hexapla e outros códigos, copistas ou versões não mudaram o sentido original?

Tudo o que Deus inspirou chegou a nós, ou somente algumas obras que um grupo de cristãos aceitava? Por que rejeitaram as outras? Das que chegaram, como posso ter certeza de que nada foi mudado pelos monges copistas católicos, ou por piedosos tradutores evangélicos? Faz sentido brigar por uma expressão em português, se nem se sabe como foi dita em aramaico ou grego?

*Se não perguntamos com a humildade e com a coragem
de querer saber, como vamos crescer?
Jesus incentivava os discípulos a perguntar e eles o faziam.
Queriam saber (Jo 16,17-19).*

HUMILDES DIANTE DO LIVRO

Quando aquele hindu, chegado de Madras para estudar antropologia nos Estados Unidos, ganhou sua primeira Bíblia e ouviu dizer que aquele livro tinha a sabedoria de quase vinte séculos, mergulhou a fundo nele. No seu país também havia muitas religiões e muitos pregadores. Gostou de saber que alguém se importava com ele. Chamavam-no de mister Mandabarai.

Leu a Bíblia até o fim, tentando entendê-la sozinho. Freqüentou reuniões e encontros de oração em todas as Igrejas e observou como os ocidentais utilizavam seu livro santo.

Anotou tudo o que era confuso e que necessitava de maiores esclarecimentos, e começou a perguntar às pessoas das várias religiões o que entendiam daquilo que se lia nos seus templos. Nos lugares onde os encontrava, enchia-os de perguntas, com aquele sotaque peculiar dos hindus, quando falam em inglês. Perguntava ao padre Emerson, que lhe dera o livro, o que um católico entendia sobre aquele trecho. No outro dia, ia ao rabino. No outro, ao reverendo da Igreja Luterana. Depois de ouvi-los, anotava tudo. Fez seu curso de Bíblia perguntando a quem a lera antes dele e a todos os praticantes. Suas perguntas eram diretas e incômodas, mas sua humildade impressionava. Eis algumas das perguntas de Mandabarai.

Para vocês, o que é ler a Bíblia? O que é entendê-la? O que é pregar a Palavra? Só porque o pregador é convicto e sabe usar os trechos da

Bíblia, ele está certo? Só porque o pregador é simpático e querido, ele está certo? Só porque ele me emociona, está certo?

Quais os critérios para saber se uma pregação é verdadeiramente cristã? Quando um católico, um judeu e um evangélico ficam espertos e aprendem a usar direito suas Bíblias? Alguém pode usar a Bíblia só para fazer adeptos e usar só os trechos que lhe interessem?

O que, exatamente, a Bíblia proíbe e o que ela permite? Por que dizem que a Bíblia proíbe fazer imagens, quando noutras passagens ela até manda fazê-las? Por que proíbem o vinho em nome da Bíblia, sendo que há passagens em que ela até manda que se beba? O que quer dizer: "a letra por si só mata e o que enche de vida é o espírito da letra"?

As perguntas de mister Mandabarai continuavam, a quem anunciava a Bíblia ao pé da letra ou aos que a interpretavam. Comparava os exageros dos cristãos e judeus com os dos hindus em face da sua religião.

Vocês seguem o código de trânsito ao pé da letra? Ou, quando vêm o farol vermelho e um sujeito ao lado ameaçando assaltá-los, obedecem ao farol ou à sua inteligência? Jesus interpretou os livros sagrados ou seguiu-os ao pé da letra? Quando Jesus manda pregar o evangelho de cima do telhado (Mt 18), vocês sobem lá, ou interpretam o que ele disse? É permitido ou não interpretar a Bíblia? É atitude inteligente ou não? Então por que alguns de vocês dizem que aquilo é o que é e não pode ter sentido simbólico? Muitos de vocês brincam com seu livro santo, dizendo que repetem o que Deus falou. Será que não colocam na boca de Deus o que vocês mesmos querem que seja verdade? Não é verdade que, para ter mais autoridade, vocês afirmam que foi Deus quem lhes soprou as palavras que pronunciam em suas reuniões? Por que alguém deve acreditar nas suas palavras, se ninguém mais ouviu. Vale apenas o seu testemunho? Que poder e provas vocês dão de que certas coisas são milagrosas? Esperam até que seja feito um exame especializado, antes de proclamar que foi intervenção do céu?

Sua Igreja é fiel intérprete da Bíblia ou há coisas que lhe fazem ver que nem tudo é perfeito? Na sua comunidade de fé, você é fiel em tudo? Nunca erra? Quando prega, procura frases que caibam direitinho no seu discurso, ou é cuidadoso ao citar alguma passagem?

Você enfrentaria alguém que atacasse uma outra religião? Por quê? Você lê a sua Bíblia para saber mais ou para saber mais do que os outros? Você também lê a Bíblia pegando trechos a esmo e depois diz que foi Deus quem o mandou ler aquele texto?

Expliquem-me a brincadeira de fechar os olhos e de folhear a Bíblia, pondo o dedo em alguma passagem. Isso prova o quê? No que isso os ajuda a entender o céu? Não é um "abracadabra" religioso, do tipo li qualquer coisa e achei? É a Bíblia que deve falar como vocês acham que deveria ou vocês é que deveriam se ajustar a ela, com as devidas interpretações?

Em todas as culturas existe o olhar de quem foi chamado a escrever, mas existe também o olhar de quem foi chamado a ler. Qual dos dois é mais importante? Com que olhos vocês lêem a Bíblia? Com os do padre, do rabino, do pastor ou com os seus? Levam em conta o que outros estudiosos ensinam? Aceitam que qualquer pessoa que se diz iluminada lhes interprete a Bíblia do seu próprio ponto de vista, ou sua fé é coisa mais séria do que isso?

Sua Bíblia fez você amar este planeta ou anda querendo ir para o céu mais depressa, para escapar desse lugar de pecados? Tornou-se mais otimista ou mais pessimista? Tem mais ou menos medo de viver? Vê o mal por toda a parte, ou vê o bem ao lado do mal como o joio ao lado do trigo, e escolhe?

Depois de começar a ler a Bíblia você se sente um eleito, um vitorioso, um ser especial, alguém que sabe a verdade e acha que seus vizinhos, que são de outra Igreja, não sabem? Que tipo de conversa é a sua? Você é dos eleitos e seu vizinho não é porque ainda não aderiu à sua fé vitoriosa? Acha que Deus abençoa esse tipo de atitude?

Depois que entrou para o tal movimento de Igreja, você anda falando como se fosse mais iluminado que os outros, só porque agora ouve vozes interiores cada vez que lê algum trecho da Bíblia? Seus testemunhos nas reuniões não acabam sempre levando você a falar de si e do que Deus fez por você mais do que dos outros e do que Deus fez por eles?

Sua Bíblia é um livro santo que o faz mais humilde ou um diploma que o faz se sentir mais santo e mais bem informado na fé do que os outros? Com aquele livro na mão ou debaixo do braço você se tornou pessoa mais amiga de todos, ou fala como se os outros não soubessem o mesmo que você? Em resumo, eles estão nas trevas e você está na luz?

Concluindo... Mister Mandabarai arranjou muitos admiradores, mas arranjou também muita cara feia. Quem ele achava que era para duvidar assim de nossa cultura judaico-cristã? Já pode imaginar quem é que não gostava das suas perguntas...

FÉ MISSIONÁRIA

Amar alguém e não falar bem dessa pessoa é não amar.
Encantar-se com alguma obra e não divulgá-la
é privar o outro de alcançar aquele conhecimento.

Comer algo saboroso e não sugerir isso
a quem se alimenta mal e errado é não ajudar a pessoa.

Crer em Deus, ser feliz com ele e não querer que outros saibam
é falta de ternura para com Deus e para com os irmãos.

Toda fé, se é verdadeira, é missionária.
Contar ao outro o que Deus fez por nós é questão de lógica.
Quem não fala de Deus para os outros
ama a Deus e aos outros menos do que imagina.

O amor bendiz!

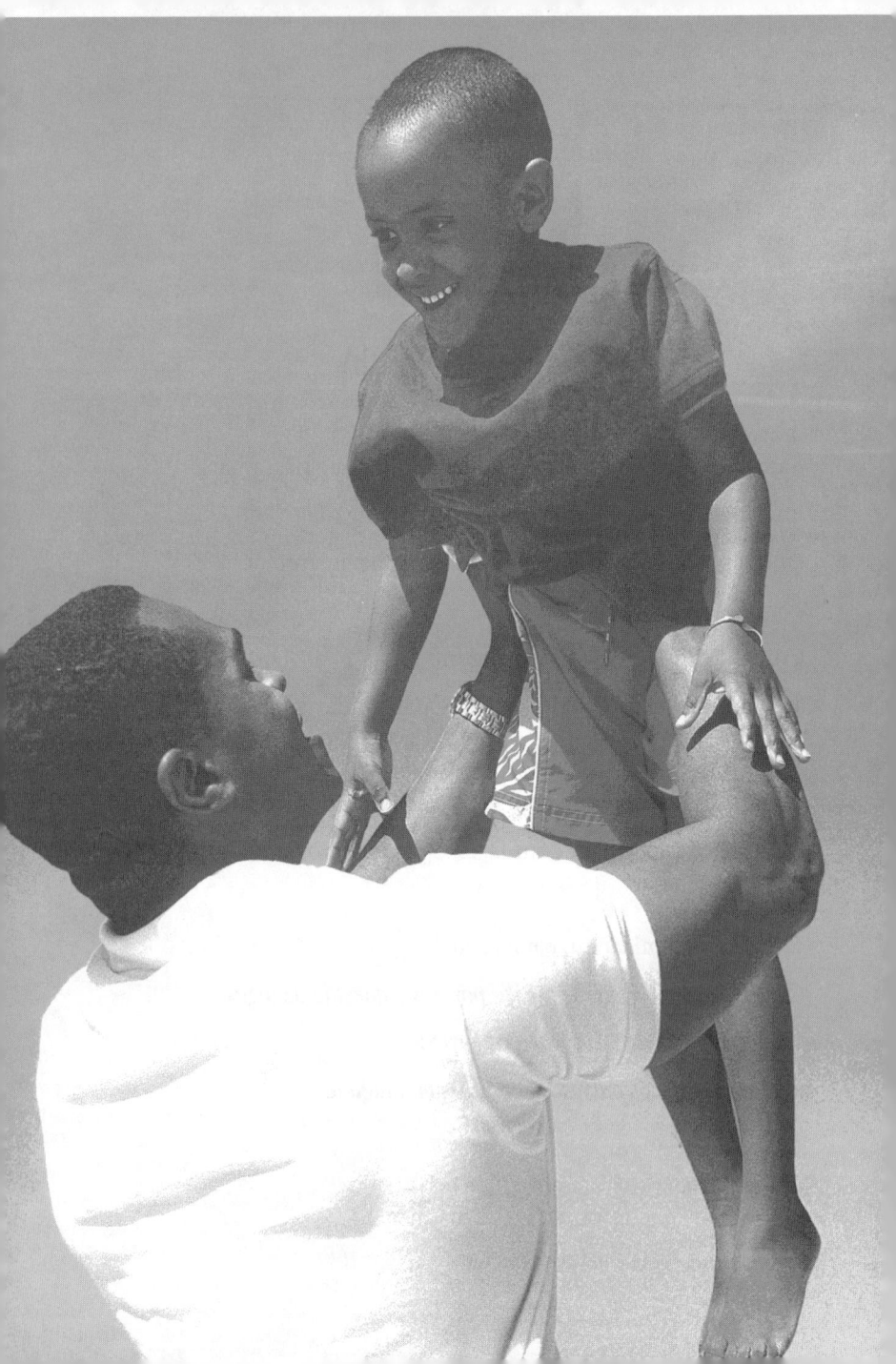

FÉ QUE VÊ DEMAIS

Fala-se que Maria estaria aparecendo em duzentos e sessenta e três
lugares só na América Latina.
A essa altura, já passam de trezentos.
Eu duvido. Não de Maria.
Duvido da maioria que diz que a vê.

Não duvido que Maria apareça em alguns casos,
mas que apareça tanto e a tanta gente,
dizendo o que dizem que ela diz, disso eu duvido!

Já fui a santuários marianos
por crer no que ali aconteceu ou no que ali foi ensinado.
Mas não vou facilmente a lugares onde dizem
que ela está se manifestando.

Não é de Maria que eu duvido. Duvido desses videntes.
Na maioria das vezes, estão vendo

o que não está aparecendo.

Noventa e nove entre cada cem aparições do passado
se revelaram ilusão. O porcentual não mudou muito.

Há crentes vendo demais.
Jesus já disse para não crermos nos que diriam
"ei-lo aqui", "ei-lo acolá" (Mt 23,24-26).
Estou fazendo o que Jesus mandou.
Não acredito facilmente nesses irmãos.
É meu direito de católico.

Nenhum católico é obrigado a crer nesses videntes,
a menos que a Igreja os acentue.
Tenho o direito de escolher, e escolho.
Quem acha isso errado não andou lendo nem a sua Bíblia
nem o seu catecismo,
que é o que falta a muitos desses videntes e aos seus seguidores.

O mal das lentes de aumento dos videntes
é que ela os impede de ver os outros aspectos da fé.
Acentuam demais as suas visões
e acabam esquecendo a visão da Igreja
que tem dois mil anos a mais do que eles.

FÉ PIROTÉCNICA

Eis o que o Senhor me disse: *"O que esses profetas anunciam em meu nome é mentira, não os enviei, não lhes dei ordens, nem falei com eles; o que anunciam é apenas uma visão mentirosa, adivinhação, ilusão e logro da cabeça deles"* (Jr 14,14).

Pirotecnia é a arte de dominar o fogo e fazer coisas bonitas com ele. Há toda uma engenharia por trás dos fogos de artifício. Não visam a nenhum objetivo, a não ser a admiração dos espectadores. Depois que queimam, fica apenas a lembrança da festa. São luzes do momento. Vão-se assim como vieram.

Os pregadores que anunciam milagres e dão o nome do santo que o fez ou fará, os que dão horário e endereço para o milagre, os que anunciam chuvas com data marcada, os que garantem algum acontecimento futuro e se divertem fazendo profecias para efeito de pregação, agem como engenheiros pirotécnicos. Queimam sua munição para brilhar por alguns momentos e para terem a admiração e o aplauso da multidão.

Na maioria das vezes, a multidão aplaude antes de ver o milagre e não quer nem saber se foi ou não ludibriada. Foi o que aconteceu com o pregador que anunciou pela mídia a cura total de uma pessoa famosa. Fez pirotecnia. A pessoa morreu algumas semanas depois e tudo foi esquecido. O pregador brinca de ser porta-voz de um milagre que não acontece e seus seguidores continuam a dizer que ele faz milagres.

O outro anuncia que seus ouvintes podem ficar na chuva e que não tenham medo porque ninguém apanhará pneumonia. Deus lhe disse isso! O que ele faria se alguém que apanhasse pneumonia reagisse? Outro garante, com ar de quem sabe das coisas, que no fim da missa vai chover na região castigada pela seca. Não chove e ele brinca com o fato, dizendo que ninguém é infalível. Foi *marketing* calculado. Se chovesse, ele passaria por profeta e santo, que predisse e aconteceu. Alimentaria sua lenda. Não chovendo, ele voltou a ser como qualquer um. Não feriu nenhum dogma de fé. Apenas brincou de profetizar, o que de *per si* já é grave...

Centenas de pregadores andam anunciando milagres que não aconteceram, ou proclamando curas que ninguém comprovou nem antes, nem durante, nem depois. Ajuda a entusiasmar a multidão reunida. A maioria daqueles milagres não será nunca checada para comprovação. Arranca aplausos e fica por isso mesmo!

É a fé pirotécnica de quem sabe que isso traz mais adeptos, e por isso profetiza ou anuncia milagres, sem ter de prestar contas pela sua brincadeira. Se as Igrejas reagissem, teríamos menos pirotecnia nas nossas pregações. Talvez as reuniões não fossem tão emocionantes nem tão divertidas e festivas, mas seriam bem mais verdadeiras. É só ler Jeremias (5,13.31; 6,13) para ver que, já naquele tempo, havia os brincalhões da fé, passando-se por profetas e sacerdotes especialmente iluminados... Jesus manda questionar essa gente (Mt 24,24). Se não o fazemos, é porque acreditamos mais neles do que em Jesus!

FÉ COMPROMETIDA

Quem crê de verdade se compromete.

Nunca fica no talvez, nem no mais ou menos.

Quem ama se compromete.

Fé sem compromisso é como gostar de alguém sem assumi-lo.

Gosto dele(a), mas não quero nada com ele(a)!

Quem ama telefona, manda *e-mail*, chama,

quer saber, vai lá, pergunta,

interessa-se, sente saudade.

Sai do seu conforto, que vira desconforto

por falta da pessoa amada,

e vai procurá-la,

porque não se sente bem sem sentir a pessoa.

Amor que não gera compromisso não é verdadeiro.

Crer é a mesma coisa.

Se não gera compromisso, não é fé verdadeira.

FÉ GENEROSA

Na primeira parábola de Jesus (Lc 15), havia dois filhos.
Nenhum dos dois era generoso.
Um quis receber a herança antecipada
e esbanjou-a em noitadas e farras.
Nenhuma generosidade demonstrou para com o pai.

O outro magoou-se, quando, finalmente,
o irmão pecador caiu em si.
Não foi generoso para com o irmão convertido.
Tinha lá suas razões, mas seu coração endureceu naquela hora.

Na segunda história (Mt 21,28),
um dos filhos disse que ia, mas não foi.
Mentiu e não foi generoso.
Pessoas generosas não mentem.
Generoso é quem gera bondade e não maldade.
Os maus nunca são generosos.
Há sempre uma cobrança por detrás de sua bondade.

O segundo disse que não ia, mas foi.

Também não foi generoso.

Mas se corrigiu em tempo.

Generoso é o amor que se dá, sem "mas" nem "porém".

Fé generosa é a que nos leva,

dessa forma, a dizer sim.

Por exemplo, Maria, a Mãe do Cristo, foi generosa.

Quis saber como e disse sim!

Mesmo sem entender, continuou a dizer sim.

Guardou aqueles acontecimentos no coração (Lc 2,19).

A fé generosa faz a pessoa boa e gentil.

Mas, nem por isso, tola ou condescendente.

É pura, mas não burra.

É bondosa, mas não compactua com a injustiça.

FÉ DIALOGANTE

Faltou essa fé, ou talvez falte fé verdadeira aos que,
afirmando crer em Deus,
se negam a aceitar o diálogo com quem crê diferente.
Decidem que estão certos e por isso os outros estão errados.

Fazem como o alpinista
que acha que só se chega ao topo da montanha pelo seu caminho.
Não lhe passa pela cabeça que outros já subiram
ou subirão pelo outro lado ou por trilhas e caminhos
até melhores do que os do seu grupo, que ele tanto elogia.

Os que não dialogam sobre sua fé
são como astrônomos que acham que só do seu observatório
e só com o seu telescópio se consegue ver a grande estrela.
Não lhes passa pela cabeça que outros,
de um outro ângulo, talvez até melhor do que o seu,
também possam ver o que eles vêem.

Só ele é vencedor e só do jeito dele é que se pode vencer.

Fé verdadeira dialoga.

A falsa ataca a do outro.

Há muitos falsos profetas cristãos falando pelo rádio ou pela televisão.

Veja o que eles dizem, o que prometem

como falam de suas Igrejas e das outras.

Veja sua falta de generosidade para com quem tem outra crença,

olhe seu jeito impositivo de falar de Deus.

Entenderá o que é ter fé falsa, sem diálogo e sem amor.

Se sua Igreja ensina o diálogo e o respeito pela outras,

ela tem uma boa chance de ser uma Igreja de Cristo.

Se os líderes de sua Igreja jamais aceitam se sentar com as pessoas

de outras religiões, pode começar a escrever igreja

com "i" minúsculo.

Quem se acha mais escolhido, em geral, é o menos esclarecido.

FÉ RUIDOSA

Há galinhas que botam ovo grande e quase não cacarejam.
Há galinhas que botam ovo pequeno e sem substância,
mas cacarejam como se tivessem botado ovos de ouro.
Saem pelo terreiro cacarejando sobre seu produto,
como se elas tivessem inventado a arte de botar ovo.

Há religiosos de fé e de Igreja pequena
que falam como se eles e seu grupo de Igreja
ou sua Igreja fossem a última resposta do céu para a humanidade.

Desconfie desses gritalhões.
Subiram ao telhado não para gritar a todas as pessoas,
mas para que elas olhem para eles
e vejam como são santos e maravilhosos.

Jesus já disse o que pensa daqueles
que fazem propaganda demais de seus jejuns,

de sua fé e de sua conversão (Mt 6,16).

Disse que são falsos!

Já foram recompensados. Apareceram.

Leia sua Bíblia e verá que Jesus mandou iluminar os outros,

e pediu que seus discípulos fossem mais discretos.

Grupos que, na mesma Igreja, diminuem os outros

e jamais cantam, lêem ou se interessam pelo pensamento dos outros,

grupos que só conseguem ver beleza no que dizem ou fazem

e acham que inventaram a caridade,

a sabedoria, a alegria ou os dons de Deus,

são galinhas que cacarejam muito sobre seu pequeno ovo.

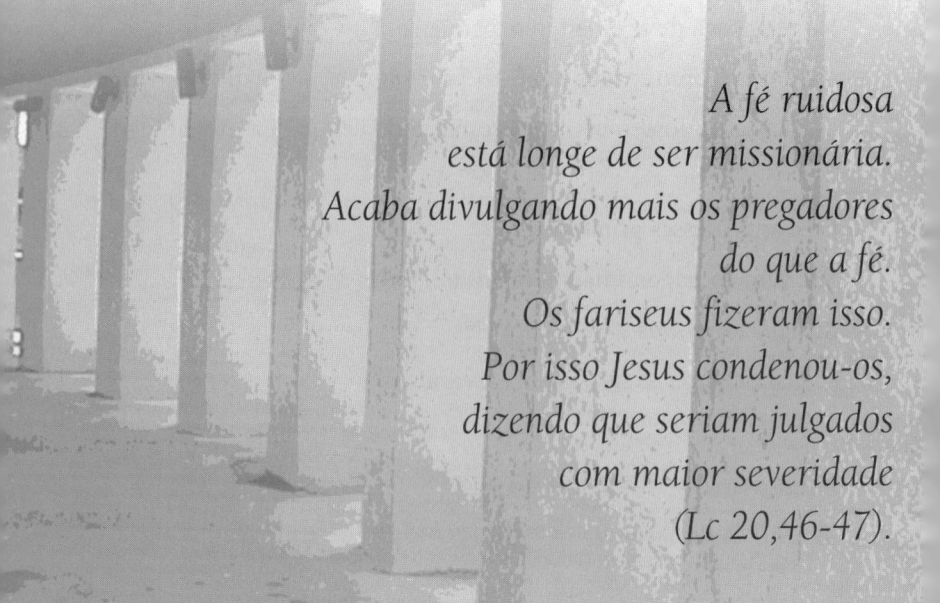

A fé ruidosa
está longe de ser missionária.
Acaba divulgando mais os pregadores
do que a fé.
Os fariseus fizeram isso.
Por isso Jesus condenou-os,
dizendo que seriam julgados
com maior severidade
(Lc 20,46-47).

NÃO ERA FÉ...

Jim Jones foi um pastor americano, evangélico radical,
que por um tempo viveu em Belo Horizonte, Minas Gerais.
Voltou a seu país,
e se achou eleito por Deus para salvar o mundo, de tal maneira
que criou sua própria comunidade de fé.

Ensinava aos seus seguidores que eles eram pessoas especiais
nesse mundo imundo e pecador.
Queriam ser radicalmente santos.
A idéia parece bonita, mas enlouqueceu muita gente.
Sem equilíbrio, pode acabar em tragédia.
E foi o que aconteceu com o grupo de Jim Jones.

Ao ver que o mundo não mudava
e desiludido com as pressões que sofria,
foi endurecendo cada dia mais contra o mundo,
mundo este que considerava cada vez mais sujo e pecador.
Resolveu se mudar, com seus santos radicais,
para as selvas das Guianas, no Suriname,
onde criou um pequeno "reino dos céus".

Ali não havia pecado nem tentação,

porque estavam longe do mundo imundo,

e Jim Jones cuidava para que ninguém se desviasse.

Só que as coisas começaram a tomar outro rumo.

Cada vez mais radical, ele resolveu ir para o céu mais depressa,

para não ser derrotado pelo mundo imundo.

Alguns de seus adeptos fizeram a mesma opção.

Quem não quis teve de optar à força.

Envenenou-os todos.

O que era, para eles, um momento de dor

comparado a uma passagem para o céu descrito por Jim Jones?

Assassinou-os! Foi em 1968.

E tudo começou com a pregação radical contra o mundo imundo.

Por esse e outros exemplos semelhantes,

discordo de todos os pregadores que falam do mundo

como se fôssemos os mocinhos e os demais, bandidos.

Escondem uma enorme vaidade de supereleitos pelo céu,

disfarçados sob a capa de defensores da pureza da fé,

e acabam incapazes de ver beleza fora do seu próprio espelho espiritual.

Infelizmente, Jim Jones não foi nem será o último catastrofista cristão.

Há muita gente chamando o mundo de imundo!

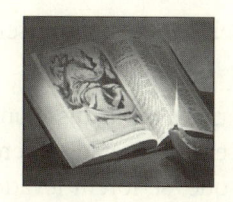

LEITORES INTELIGENTES

Imagine um livro que levou mais de dois mil anos para ser escrito. A nossa Bíblia é esse livro. Hoje é relativamente fácil lê-la, embora não seja tão fácil entendê-la. A maioria dos cristãos não a lê direito.

Moisés profetizou e agiu por volta do ano 1250 a.C. Dois séculos depois apareceu Davi, com seus salmos e suas histórias. Após quatro séculos, Elias. Cinco séculos depois, Isaías. Seis séculos depois, Jeremias. Um ou quando muito três grandes profetas surgiam a cada século. Passados doze séculos, quem falava eram Jesus, João Batista, Paulo, Pedro e outros. Nem sabemos corretamente quem escreveu alguns dos livros da Bíblia. São atribuídos a um autor, mas pode ter sido outra pessoa quem os escreveu. Naquele tempo, nem todos os escritores assinavam o livro com o próprio nome.

Das primeiras profecias de Moisés até Jesus, passaram-se doze séculos. Das primeiras lições dos patriarcas até as de Jesus, foram vinte séculos. Por isso, a fé na Bíblia precisa ser inteligente. Eles tiveram de dar tempo ao tempo para aprender. Nós também. Assim, é errado ler a Bíblia baseando-se em "Deus me diz isso agora". Os novos profetas são muito apressados na hora de falar e de escrever suas visões. Não dão tempo de testar a sua veracidade e já querem ser ouvidos pela humanidade. E ofendem-se, se alguém não os ouve. Predizem sofrimento e punição para quem não ficar assustado com suas ameaças.

Estou com um livrinho desses à minha frente, escrito por um pretenso vidente de Maria. Não me assusta nem um pouco. Maria é bem mais Mãe e Jesus, o filho dela, é bem mais misericordioso que o pretenso vidente.

Se eu não entender o que a Bíblia disse ontem, e por que isso ainda é válido, ou por que deve ser interpretado diferente hoje, não entenderei o que ela diz. Há salmos que, se forem levados a sério pelos fiéis que hoje os oram, acabariam num banho de sangue. Aquilo era guerra e aqueles eram outros tempos. A Bíblia tem de ser lida e explicada por pessoas inteligentes e não por aqueles incapazes de lembrar que o mundo mudou até nas coisas essenciais, e uma delas diz respeito à vida e aos direitos humanos.

Não sou melhor do que nenhum daqueles grandes homens. Mas a vaidade de achar que compreendeu tudo acaba com o profeta e dá lugar ao religioso tolo, fanático e fariseu.

O livro dos livros precisa de leitores inteligentes.

CRER SEM VAIDADE

Crer é um exercício sadio e permanente de humildade.
Quem tem fé verdadeira é ciente de que sabe algumas coisas e
que sabe menos do que deveria saber. Nunca se acha o mais iluminado!

Tem consciência de que vive algumas graças e valores,
mas sabe que es tá muito aquém do que poderia estar
no caminho para Deus.

Por isso, aquele que se acha mais do que os outros de sua Igreja,
ou de outras Igrejas, porque agora achou uma luz,
age como sujeito tolo,
que achou uma lanterna e, em vez de usá-la
para iluminar o caminho, usa-a para se iluminar,
ou para apontar a luz na face dos outros.

O crente vaidoso é um dos piores seres humanos que existe.
Não me admira que as religiões tenham criado tantas guerras
e matado tanta gente.

Caíram nas mãos de líderes vaidosos
que sabiam tudo sobre todas as coisas!

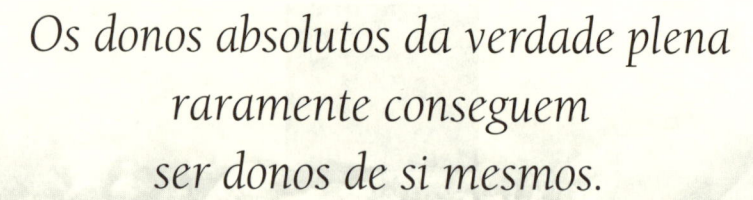

*Os donos absolutos da verdade plena
raramente conseguem
ser donos de si mesmos.*

FÉ VAIDOSA

Muitos de nós, sem percebermos,
em vez de darmos testemunho, alardeamos a nossa fé.
Há testemunhos com "eu" demais e "Deus" de menos.

Preste atenção no testemunho de alguns convertidos.
Adoram falar do nada que eram e dos eleitos que se tornaram.
Não devem ter lido Paulo, que mesmo eleito se achava o último
dentre os apóstolos em razão do que fizera contra a Igreja (1Cor 15,19).
O evangelho que mais desnuda a traição de Pedro foi escrito
pelo seu discípulo Marcos...

Aqueles que se especializam em contar a história de sua conversão
dizem que o fazem para louvar o Deus que os libertou,
mas, se não tomam cuidado,
acabam tornando-se profissionais de testemunho.
Falam muito de si, para, depois, falar pouco de Deus.
Sua fé não é despojada. Tem holofote demais naquele palco.

Gostam que a mão esquerda saiba o que faz a direita

e ficam nas esquinas e nas ruas e diante dos vídeos

dizendo quem são e o que Deus fez por eles.

Jesus condenava essa atitude dos fariseus (Mt 6,5).

Dizia claramente que eles estavam lá

dando testemunho para serem vistos pelos que passavam...

Queriam aplausos e era tudo o que ganhariam.

Já tinham recebido sua recompensa na Terra.

Não receberiam a do céu.

Disse o mesmo sobre aqueles que oravam em voz alta para aparecerem.

Contou a história do fariseu lá na frente do altar

e do publicano rezando quietinho no fundo do templo.

Quando alguém conta a sua vida para os outros

maneja uma espada de dois gumes.

Pode ser testemunho sincero e humilde, como também vaidade.

Apontar para si e posar de santo e convertido é uma coisa,

ser realmente santo é outra.

Jesus mandou que os discípulos proclamassem o Evangelho

de cima dos telhados (Mt 10,27),

para que mais pessoas pudessem ouvir as palavras

daqueles que as ouviram dele.

Mas há os que sobem nos telhados,
não para proclamar a fé oficial da Igreja para as pessoas,
e sim, para espalharem as suas devoções particulares
e serem vistos por todos.

*Que nós, pregadores, tomemos cuidado
com o excesso de visibilidade...*

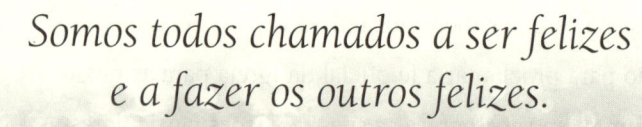

*Somos todos chamados a ser felizes
e a fazer os outros felizes.*

FÉ E PRESUNÇÃO

Parece bem claro que Deus dá dons especiais e confia a certas pessoas missões mais exigentes do que a outras.

Nos evangelhos, a parábola dos talentos aponta para isso. Cada um de nós tem seus dons, mas todos devemos trabalhar por eles, sejam eles um talento, dois ou dez.

Quando, pois, alguém se diz eleito e escolhido, está dizendo o óbvio. Somos todos eleitos e escolhidos para alguma missão. Não há ninguém de quem Deus não espere uma resposta. Somos todos chamados a ser felizes e a fazer os outros felizes.

O erro começa quando colocamos antes das palavras "eleito" e "escolhido" a palavra "mais".

Todo aquele que se proclama mais eleito, mais iluminado, mais chamado, mais fiel, mais santo, mais certo, mais cristão corre o grande risco de se colocar num pedestal no qual Deus não o queria.

Quem se proclama mais de Cristo do que os outros, só porque aderiu a determinada Igreja ou grupo de Igreja, mais do que um convertido, é um presumido. Mais do que piedoso, é presunçoso. Pegou a lanterna e, em vez de apontá-la para o céu, focou-a para si, e sem o perceber anda dizendo:

— Viu só como Deus me escolheu?

Maria agradeceu humildemente, apontando para si e dizendo:

— Eis aqui a serva do Senhor.

E eles dizem: "eis aqui o eleito". "Você, ouça o que tenho a lhe dizer". "Eu não preciso ouvi-lo, porque você não tem nada a ensinar"...

Ligue o rádio e a televisão e veja quem tem um discurso sereno e humilde e quem está dando nota a alguns e afirma que os outros nem nota merecem, e conclua.

Fé esperançosa ou fé presunçosa?

Se a fé humilde não toma conta, a cabeça fica tonta.

FÉ ALIENADA

Aquele bom padre que dizia
que padres não têm nada a falar de política e problemas sociais,
porque devem se ocupar de coisas espirituais,
tinha uma fé alienada.
Pior: passou-a aos paroquianos.

É perfeitamente possível e recomendável
anunciar o céu e as coisas do céu,
enquanto se anuncia uma nova terra.
É perfeitamente cristão ensinar a repartir o pão,
buscar direitos, pregar cidadania, reivindicar estradas,
luz, água e emprego
e, ao mesmo tempo, falar com Deus e pedir graças.

Que se peçam graças do céu
e que se busquem direitos e deveres aqui na terra.
Sem isso, a fé é alienada.

Mais do que alienada é murcha e carunchosa
e faz a Igreja carunchar!

Envelhecem condenando quem quer mudanças
e esquecem que Jesus veio renovar não apenas o culto,
mas a vida e os costumes do seu tempo.

A Igreja canonizou mais de quatrocentos santos, que se valeram da política para construir asilos, creches, hospitais e inúmeras obras sociais. Souberam pedir e até exigir que os políticos e governantes ajudassem os pobres. Podem não ter feito política partidária, mas fizeram política. Nem por isso perderam a espiritualidade.

Houve mais. A Igreja também canonizou santos como Ambrósio, que foi bispo e prefeito de Milão, Atanásio, João Crisóstomo, Tomas Morus, que fizeram política de oposição a governos ou a grupos de poder.

Política e santidade podem muito bem andar juntas. Depende do tipo de santo e do tipo de política que fizer. Santidade alienada e descompromissada para com o pobre é que não existe!

FÉ CONTRÁRIA

Muitos cristãos não admitem,
mas sua fé é mais contrária aos outros do que favorável a Jesus.
É o caso do pregador que não resiste:
todos os dias, ou ao menos duas vezes por semana,
precisa pregar contra certa Igreja,
ou, se na mesma Igreja, contra aquela linha de ação.

Foi o caso daquele padre nitidamente esquerdista,
que, assim que tomou posse da paróquia,
acabou com tudo o que fora criado pelo outro,
que era direitista e defendia candidatos conservadores.

Todos os domingos
buscava uma forma de falar contra os conservadores,
contra o prefeito e o governador,
mostrando por que eles deveriam ser derrubados.
Foi substituído por ter criado divisão insustentável na paróquia.

O padre que tomou o seu lugar fez o mesmo,

só que de outro jeito.

Para estar de bem com todos,

falava contra a política de direita e a de esquerda.

Considerava-se de centro, do alto e de cima,

portanto, acima dessas coisas pequenas.

Propunha uma Igreja totalmente espiritual

e sem nenhuma alusão à política.

Encheu a igreja de católicos que fugiam dos temas sociais.

Agora, sim, tinham um padre que só falava do céu.

Isso é que era padre santo!

Nunca falou contra nada. Só falava a favor.

Agora, lá, só se louvava e exaltava o Senhor Jesus.

Se alguém tocasse no assunto política ou libertação dos pobres

era acusado de divisionista, sem fé e sem unção.

Considerava-se um equilibrado, mas era alienado

e tinha também uma fé mais contrária aos dois antecessores

do que a favor de Jesus Cristo e do seu povo.

Foi a paróquia que menos progrediu na diocese.

Como barco mal remado,

a paróquia primeiro só deu voltas à direita.

Depois só deu voltas à esquerda.

Finalmente passou a girar sobre si mesma.

As outras comunidades da diocese estavam vinte anos à frente dela, que perdeu o "trem da história".

Perdemos o trem da história
quando nossas referências são outros
mestres e não Jesus...

Todo aquele que pede a Deus
algo que Deus jamais faria
tem fé confusa.

FÉ CONFUSA

Fé confusa tinha aquela prostituta que pedia a Deus
que lhe mandasse mais clientes
e aquele empresário que pedia a graça
de arrasar seu concorrente.
Também, aquela moça que pedia a Deus
que ajudasse seu amante a conseguir logo o divórcio da esposa.

Fé confusa tinha aquele crente
que orava para Deus acabar com a Igreja Católica
e também o católico que rezava pelo fim dos evangélicos.

Todo aquele que pede a Deus
algo que Deus jamais faria tem fé confusa.
Quem grita à multidão de fiéis que eles vão tomar conta do país
e que ninguém mais os segura tem fé confusa.

De antemão estão dizendo que sua Igreja,
como Khomeini no Irã dos anos 1980,
quando chegar ao poder,

vai implantar uma ditadura moral e espiritual.

Ele crê num Deus errado

ou no Deus certo de um jeito errado!

Nunca peça a Deus o que ele não faria.

"Não porás à prova o Senhor teu Deus" (Mt 4,7) significa:

Respeite o Senhor Deus e não lhe peça bobagens

nem diga que Deus disse o que ele não diria.

Há muitos videntes por aí fazendo Maria dizer o que ela nunca diria.

Ela jamais contradiria seu Filho.

Há muitos crentes, católicos e evangélicos dizendo coisas

que sua própria Igreja jamais diria.

Andaram lendo mal sua Bíblia

e o catecismo de sua própria Igreja.

Prometer milagres com data, lugar e hora marcados

é um exemplo disso.

Quando o milagre não acontece, culpam os fiéis

que não oraram direito.

Eles nunca se enganam.

Vivem cheios de certeza na sua confusão radical.

Confundem Igreja com fé.

Vale qualquer coisa para promover sua Igreja

ou seu grupo de Igreja, mesmo que isso arranhe a fé.

O que é isso diante do número de adeptos que conseguiram?

Nunca leram nada sobre qualidade e quantidade

e sobre a teologia do pequeno rebanho... (Lc 12,32).

FÉ CARIDOSA

"Xaris" é palavra grega que significa qualidade especial, charme.
Foi traduzida como *dom, graça, favor.*
Daí vem *carisma, eu-caris-tia, cari-dade, cari-nhoso, caris-mático.*
É aquele algo mais que qualifica alguma coisa
ou alguém no meio dos outros
e o torna bondoso, cheio de valores especiais.

Existe alguma coisa nele ou nela que mexe com os outros.
Tem graça, tem charme, tem algo mais,
tem um "não sei quê" que nos inspira e nos faz sentir bem.
Se a nossa fé não faz isso, não é caridosa.

Há cristãos que se consideram charmosos,
mas supervalorizam o seu dom, em detrimento do dom dos outros.
Por isso, uma Igreja diminui a outra
e um pregador diminui o outro.

A fé madura faz o oposto.
Valoriza o outro e só reage
se o outro está pondo em risco a verdade da fé.

Muitos santos fizeram isso.
Quando tiveram de se enfrentar pela verdade,
o fizeram sem deixar de ser irmãos.
O próprio Paulo uma vez repreendeu Pedro (Gl 2,14),
a quem reconhecia como um dos pilares da Igreja
e com quem foi buscar unidade por quinze dias (Gl 1,18; 2,9).
Mas isso não o impediu de reagir e discordar do líder.
O assunto era a circuncisão dos pagãos.
Foi um ritual imposto pelos judaizantes
que Pedro aceitou e Paulo combateu.
Ninguém tinha de receber um rito judeu para entrar na Igreja.
Bastava o batismo!

No geral, porém,
a fé é caridosa, charmosa, corajosa, impressiona.
O crente que adora o espetáculo tem dificuldade
de viver a fé caridosa.
Por isso, quando ele faz e aparece, está certo,
quando o outro aparece, há sempre algum defeito a ressaltar.

Como saber se nossa fé é caridosa?
Se temos charme, mas admiramos o charme dos outros.
Se não queremos o púlpito deles,
e quando querem o nosso, deixamos que o usem!
Mas ai deles, se quiserem prejudicar quem depende de nós.
Vão encontrar um leão no seu caminho.
Caridoso, sim, indefeso e encurralado, não.
Foi o que Pedro fez com Simão, o Mago... (At 8,9).

FÉ FECHADA

Eles crêem de dentro para dentro.
Não aceitam crer juntos.

Foi o caso daquele grupo evangélico
que se negou, num congresso mundial de cantores,
a subir ao palco com grupos católicos.
Não queriam louvar o Senhor ao lado de idólatras.
Além da calúnia e da generalização,
o preconceito e o fechamento.

Foi, também, o caso daquela banda de católicos
que se ofendeu porque eu e meu grupo
convidamos uma cantora evangélica
para cantar duas canções conosco e não eles.

Acharam errado convidar alguém de outra Igreja,
quando eles estavam lá, disponíveis

e eram católicos.

Não entenderam o gesto fraterno que o Papa recomenda.

Se os apóstolos tivessem feito a mesma coisa,

o cristianismo nem existiria.

Comportaram-se como os discípulos

que estranharam ao ver Jesus

dando uma chance a uma samaritana,

que, afinal, se revelou missionária de primeira linha.

O ciúme dos religiosos é o pior sentimento que há.

Alugaram o céu e não aceitam parceiros.

FÉ FRATERNA

Aqueles homens e aquelas mulheres que eu vi na China,
no Japão, na Itália, nos Estados Unidos, na Argentina
e em tantos lugares do Brasil,
eram todos meus irmãos e irmãs.

Só os vi de passagem, uma vez, de relance,
num avião, num trem, num metrô, numa loja ou na rua.
Nossos passos ou olhos apenas se cruzaram.

Em alguns casos eu disse bom-dia,
ou dei a entender que os saudava com respeito.
Noutros, era o mesmo que olhar um poste.
Nem eles nem eu tínhamos nada a dizer,
nem nenhum sinal a fazer.

Mas eram meus irmãos, de cor, língua, fé e costumes diferentes.
Vieram do mesmo Criador e voltarão a ele.

Não sei como será nosso encontro lá,
mas, se isso for possível, tentarei lá no céu
lembrar-me daquele encontro que não deu em nada.

E então, talvez, num sorriso eu saiba quem eles eram,
como viviam e como se comunicavam com Deus.

Se eu não acreditar que o mundo inteiro é meu irmão,
viverei bem menos certo do que imagino.

Francisco de Assis estava certo
quando chamou o Sol e a Lua de irmãos.
Vieram do mesmo Pai.

Toda fé forte, firme,
inteligente e pura
torna-se cada dia mais aberta
e mais fraternamente universal.

FÉ QUE RESPEITA

Não sei tudo o que poderia saber,
nem tudo o que deveria saber sobre Deus.

Há pessoas de minha Igreja que sabem mais.
Há pessoas de outras religiões que também sabem mais.
Há pessoas que o amam mais e o servem melhor.
Tenho muito a aprender com outros crentes.

Mas tenho coisas a ensinar.
Se discordar, o farei com respeito.
Se concordar, o farei com independência.
Caminharei junto no que for possível.
No que ainda não for possível, buscarei caminhos.

Não modificarei minha fé para fazer amigos,
mas não os maltratarei por causa de minha fé.

Saberei ver luz nos outros,
mesmo que eles não vejam em mim.

Saberei ver o lado bonito da Igreja dos outros,
mesmo que seus líderes lhes tenham ensinado
a ver só o lado feio da minha.

Enfim, buscarei sempre uma religião humilde.
Não sei tudo!
Minha Igreja não tem todas as respostas.
Nem as outras.
Ninguém de nós está "com essa bola toda".
Ensinarei, lembrando que, como eles,
eu também sou aprendiz de céu.

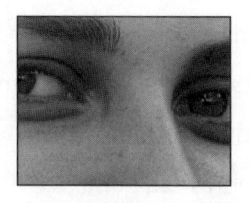

FÉ NARCISISTA

Faz muitos anos e não é ficção.

Aconteceu na Itália.

Autor desconhecido escreveu um livro.

Vendeu trinta mil exemplares.

O sucesso subiu-lhe à cabeça.

Saiu criticando a tudo e a todos,

mesmo os que haviam escrito sessenta livros.

Falava como se, antes dele, nada de bom tivesse acontecido na Igreja.

Agora era tudo mais moderno.

Ele sabia dizer as coisas.

Comunicação era com ele.

Só citava seus colegas de editora.

Grandes pensadores, só os de sua linha espiritual.

O resto era lixo.

Por melhor que fossem, ele os ignorava.

Caiu em si no dia em que,

num congresso de escritores, não foi nem notado.

Conheceu mais de quarenta autores,

com mais de vinte obras cada um.

Todos elogiavam o trabalho um do outro

e a maioria lia o que os outros escreviam.

Calou-se. Estava diante de gente que sabia das coisas

e cujos livros ele nem sequer sabia que existiam.

Ele era o único que nunca tinha lido

nem ouvido falar do trabalho dos outros.

Encantado com a sua obra e com os elogios recebidos,

não tinha tido tempo de ver que existem milhares de cidadãos

que têm o que dizer, mas sabem como, onde e por quê;

e encaram a cultura como arte maior,

diferente do que vender sabonete ou simpatia.

Pediu desculpas e nunca mais desvalorizou a obra dos outros.

Naquele dia começou a ser um bom escritor.

Aprendera a elogiar os companheiros...

FÉ ARROGANTE

$\mathcal{S}$iga a lógica dos fanáticos:

Eu creio desse jeito, porque entendo a Bíblia.

Você crê de outro jeito, porque não a entende,

nem foi iluminado como eu.

Se foi, não permaneceu fiel ao que aprendeu.

Como eu sei que estou certo, você só pode estar errado.

Crendo de maneira diferente da minha,

você só pode estar errado.

Da minha parte, eu não poderia escolher uma Igreja errada.

Deus não deixaria. Logo, estou na Igreja certa.

Se você está noutra Igreja, então você ainda tem de se salvar.

Em resumo, creia como eu e se salvará, porque eu já estou salvo.

Toda pessoa fanática, que não admite outro caminho

senão o dela, é arrogante.

Se tivesse a humildade de admitir que,

embora, para ela, seu caminho seja o melhor,

há outros caminhos bons,

ela até seria uma pessoa boa.

Mas, por se achar a única certa, sua fé tornou-se arrogante,

o que significa que deixou de ser uma fé santa

e ela deixou de ser santa.

Se era, piorou e pirou.

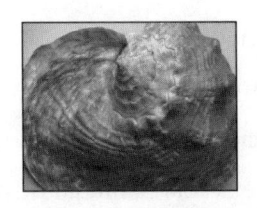

FÉ ESCATOLÓGICA

Escatológico é tudo aquilo que tem a ver
com a finalidade da vida.
É o cerne da questão, ou, como diz o povo,
a hora do "preto no branco".

Por isso, a fé tem de ser escatológica.
Tem de valer pelo seu conceito de vida e de morte.

Por isso, também, como cristão,
creio nas coisas de ontem.
Creio nas coisas aqui e agora.
Creio nas coisas de amanhã.

Sei que a estrada da vida vai dar num túnel chamado morte,
mas ela será uma passagem pequena,
iluminada pelas luzes da fé e da esperança.
Depois a estrada prosseguirá.

E será uma vida eterna.

Isto é: comecei, mas não acabarei.

Tive começo, mas não terei mais fim,

porque morrer não é acabar: é mudar de perspectiva.

Minha vida continuará, sem limites, em Deus.

É o que minha Igreja ensina.

É o que eu ensino.

E é isso que dá sentido às minhas perplexidades de agora.

Um dia conhecerei aquele que me fez.

Não nasci para viver e acabar aqui mesmo.

Meu rio mergulhará no infinito!

FÉ INTERROGANTE

Moisés perguntou.

João mandou perguntar.

Maria perguntou.

Jesus perguntou ao Pai e ensinou os discípulos a questionarem.

Toda religião que só tem respostas é falsa.

A que só tem perguntas é sem esperança.

Só dá certo a religião que já sabe, mas quer saber mais.

Fé que não interroga não é fé pura nem é inteligente!

> *Quem acha que já sabe tudo,*
> *aí mesmo é que não sabe nada!*

Os verdadeiros penitentes não se agridem mais.
Apenas sabem a diferença
entre disciplinar-se, renunciar e odiar-se.

FÉ PENITENTE

Pedro se arrependeu e sua fé cresceu.
Porque sua fé cresceu, também se arrependeu.
Madalena, Agostinho, Maria Egipcíaca, Mateus, Zaqueu
e milhões de cristãos, através dos tempos,
tiveram uma fé penitente.

Acreditaram no perdão de Deus
e não se deixaram dominar pelo remorso.
Foram perdoados e perdoaram-se.

Existe uma fé penitente.
Quem a tem, sabe que um rio que já foi sujo não é mais;
um erro na vida não é uma vida de erros.
Agora sua vida é outra, por isso dorme em paz.

Os verdadeiros penitentes não se agridem mais.
Apenas sabem a diferença entre disciplinar-se,
renunciar e odiar-se.

Agora mesmo é que se amam.

Perdoaram-se.

Mas sabem que poderiam pecar de novo.

Por isso se vigiam.

Nunca vi um verdadeiro convertido que não fosse sereno.

Se não era, não se converteu de verdade.

FÉ TONITRUANTE

Tonitruar quer dizer trovejar.

Jesus chamou os irmãos Tiago e João

de "boanerges", "tonitruantes", "espalhafatosos", exagerados!

Tinham pedido licença para fazer cair fogo do céu

sobre uma cidade impenitente.

Achavam-se o máximo com o poder espiritual que haviam recebido.

Como muita gente faria depois deles,

usaram mal o seu dom.

Havia vaidade escondida sob a capa do zelo.

Não tinham entendido para que Jesus delegara poder a eles.

Jesus os levou na esportiva.

Chamou-os de exagerados, vale dizer: imaturos.

E não levou a conversa adiante.

Há seguidores de Jesus que se sentem o máximo.

Gostam de falar de suas revelações,

de sua conversão espetacular e,

de vez em quando,

mostrar algum poderzinho de adivinhar ou revelar coisas.

Todo o cuidado nessa matéria é pouco.

Ostentar o poder da fé pode ser amor a Deus,

mas, quando revestido de *marketing* pesado,

com data, hora, lugar, nome do dito cujo nos frontispícios,

pode ser vaidade!

Às vezes, a frase "Venham que Jesus cura" subentende:

"Venham que Jesus cura por meu intermédio!"

"Venham que eu estarei lá."

Ouça alguns programas de rádio, veja alguns programas

de televisão e entenderá o que estou falando.

Quando a fé vira espetáculo de milagres,
com data e hora marcada, acaba em "boanerges" (Mc 3,17 e Lc 9,54).

FÉ OBEDIENTE

Escreveu três livros sobre os anjos e o fim do mundo.

Pregava sobre escatologia e fim dos tempos.

Falava com Maria, chamava o povo aos seus encontros.

Garantia graças para quem rezasse suas trezenas.

O bispo proibiu. Ele não obedeceu. Mudou de diocese.

Dois anos depois, mudou o bispo de lá, que lhe pediu um tempo.

Saiu da diocese. Ficou padre avulso. Não parou.

Achou que os bispos não tinham poder para controlar

seu profícuo e profundo ministério.

Passou a ironizar o poder dos bispos sem fé.

Não tinha fé obediente.

Só obedecia a quem lhe desse liberdade de pregar como queria.

Será mesmo que tinha fé?

Quem não se ama acaba não amando os outros.
Os outros são lindos, mas nós também somos!

FÉ EM SI MESMO

Sei quem sou, sei dos meus limites, sei dos meus valores.

Não estou nem acima nem abaixo dos outros.

Estou perto e ao lado. Eles valem muito e eu valho muito.

Crer no outro significa vê-lo de verdade.

Em geral, cremos nos outros.

Nossos relacionamentos nos levam a isso.

Escolhemos crer em determinadas pessoas.

Mas todos precisamos apostar também em nossas capacidades.

Se não crermos em nós mesmos, teremos dificuldade

de crer nos outros.

É como o amor.

Quem não se ama acaba não amando os outros.

Os outros são lindos, mas nós também somos!

Auto-estima é sentimento bom.

Se for demais, vira vaidade e orgulho.

Se for de menos, vira humildade errada.

Se for sereno, vira virtude que faz a pessoa saber o seu lugar,

o seu momento e a sua chance.

Busquemos a auto-estima.

FÉ NOS OUTROS

Acreditar demais em si mesmo e pouco nos outros
é uma forma de egoísmo ou auto-adoração.

O sujeito que só põe fé no que ele diz ou faz
é um egocêntrico ridículo.

Quem não aceita ser criticado por ninguém
e passa a querer mal a quem quis corrigi-lo ou ajudá-lo
tem fé em si, mas não nos outros.

Quem nunca ouve os colegas de profissão
crê demais em si mesmo.

Quem só elogia quem pensa, faz, trabalha e concorda com ele
é doente de orgulho.
Sem fé nos outros, ninguém se torna verdadeiramente humano.
Se escolhemos crer só nos que nos aplaudem

e nunca nos que nos alertam para possíveis desvios,
um dia veremos os que batiam palmas bater em nossa cara
e os que nos corrigiam nos tomar no colo.

Apostar nos outros e saber bater palmas para eles,
aceitar críticas de quem já viveu mais do que nós:
são uns dos maiores sinais de fé e de humildade.

Quem nunca elogiou os outros não tem fé.
Quem nunca ouviu os mais velhos não tem fé no ser humano.
Quem só considera amigos os que o aplaudem
crê no elogio do outro, não no outro!

FÉ EM DEUS

Não o vemos, não o tocamos, nunca o veremos nesta vida,
mas ele existe, nos ama e, um dia, nós o conheceremos.
Viemos dele e para ele estamos voltando.

Quem crê nisso tem fé em Deus.
Não é preciso ver o ar que respiramos.
Temos mais é que respirá-lo.

Para crer em Deus, não é preciso vê-lo.
Basta vivenciá-lo.
Até porque, se eu vir o ar e não respirá-lo,
não vai adiantar tê-lo visto.
A questão não é ver Deus.
A questão é AMÁ-LO.

João evangelista diz que não faz sentido afirmar
que amamos um Deus a quem não vemos,

se não amamos o irmão a quem vemos (1Jo 4,20).

Chama tal pessoa de mentirosa.

Deus nos deixou suficientes oportunidades de amá-lo.

Jesus deixa claro que crer nele subentende amar os outros.

Ele deixa claro que recompensará

até por um copo de água dado de bom coração em seu nome (Mt 10,42).

E diz que estará presente

onde dois ou três estiverem reunidos em seu nome (Mt 18,20).

No cristianismo, transcendência quer dizer: Deus acima de tudo.

Imanência quer dizer: Deus aqui entre nós.

Por isso, Deus também é chamado *E-manu-el*: Deus conosco.

A Igreja Católica repete em todas as missas:

"Ele está no meio de nós"...

Nós cremos que Deus está lá longe, onde nunca fomos,

e aqui perto, onde estamos e vivemos.

Ele pode e quer. Por isso o chamamos de onipresente!

FÉ TEATRAL

Eles fazem ares de grandes eleitos, grandes iluminados, grandes profetas e grandes ungidos.

Às vezes, fingem-se humildes, cabisbaixos, pequenos, ninguém; ficam com a cabeça inclinada e os olhos perdidos no céu.

E há os que falam com voz poderosa, como quem precisa ser ouvido pelas galáxias.

Também há os que usam voz de santo, mansa, suave, angélica, entonação perfeita.

Não percebem, mas, em geral, é teatro. Um pouco mais de tempo com eles e já se sabe se aquilo é natural ou é teatral.

Jesus riu desse tipo de gente (Mt 6,5; Mc 12,40; Lc 18,12).
Religioso fingido engana o povo, mas não engana Jesus.
Uma coisa é ser santo, outra é parecer santo.
O povo só percebe isso a longo prazo,
mas muita gente vê de imediato.

Jesus via. E vê...

Deus não me deve nada.
Eu, sim, devo tudo a ele.

FÉ SEM BARGANHA

Deus não tem de me provar mais nada, nem dar mais nada.
Já me criou, me fez feliz e
me deu mais chances do que eu lhe pediria.

Vai me levar para a outra vida quando quiser e do jeito que quiser.
Não exijo nada dele.
Acho que ele cuida de mim melhor do que eu mesmo.
Minha fé é sem condições.

Deus não me deve nada.
Eu, sim, devo tudo a ele.
Não esquecerei disso na hora da dificuldade.
Existe alguém que me ama muito mais do que eu a ele!

Antes que a palavra pouse em meus lábios,
ele já sabe o que eu pensei.
Antes que eu peça, ele sabe o que vou pedir.

Por isso, aprenderei a dizer com Jesus:

"Seja feita a vossa vontade".

E com Maria direi:

"Seja como Deus quiser".

Nem por isso deixarei de orar.

Falo com Deus porque preciso conversar com meu Criador.

Independentemente da reação dele, eu oro.

Ele me ama mais do que eu a ele,

e eu preciso mais dele do que ele de mim.

Por isso quem deve procurá-lo sou eu.

Ele já me achou há muito tempo...

FÉ SEGURA

Paulo, depois de convertido, tinha fé segura.

Não a tinha quando, em nome do judaísmo, perseguia os outros.

Naquele caso, era uma falsa segurança.

Seu desespero de não perder adeptos o jogara naquela loucura

de tentar destruir quem aceitasse Jesus.

Quem persegue os outros e passa por cima deles,

faz política suja para derrubar a outra Igreja

e tenta destruir os outros em nome de Deus,

tem fé prepotente e insegura.

Por medo de perder adeptos, enlouquece e diz bobagens.

Quando Paulo se converteu, mudou de atitude.

De perseguidor passou a ser perseguido

e até foi capaz de ver valor em outros grupos,

como naquele dia entre os pagãos no Areópago.

Sofreu tudo pela nova fé.

Depois de muitos anos podia dizer:

"Sei em quem acreditei" (2Tm 1,12).

Acabara a insegurança de perder para os outros.

Poderia não ver a vitória de Jesus,

mas tinha contribuído para isso.

Combatera o bom combate.

A fé segura consiste não em se afirmar melhor

nem mais santo e iluminado que os outros.

Consiste, sim, em se mostrar convicto de algum ângulo da verdade,

sem desrespeitar o ângulo do outro.

Todos os cristãos que combatem o ecumenismo têm fé insegura.

Aí acham no Livro Santo as passagens que lhes interessam

e são até capazes de situar quem quer diálogo fraterno

como parceiros do anticristo.

Na sua loucura de serem os únicos porta-vozes de Deus

e os únicos que leram direito a Bíblia,

são capazes de chamar de parceiro do demônio

quem quer aproximação entre as religiões.

Os fariseus também disseram que Jesus viera do demônio.

Jesus deixou claro o que pensa desse tipo de religioso.

Morrerão vítimas da sua dureza de coração (Jo 8,21).

FÉ SATISFEITA

"Estou bem, mas os outros não estão."

Não vou viver a minha fé
dentro de uma religiãozinha nhenhenhém, blábláblá,
que se deleita em falar pessoalmente com o Senhor
de manhã, ao pôr-do-sol, com hinos doces e suaves,
e nunca, ou quase nunca, presta atenção na dor dos outros.

Quem cala a boca e tem medo de denunciar a injustiça,
sob o pretexto de que uma pessoa dedicada a Deus
não se mete em política, está fazendo política.
Sua opção política é não querer mudanças nem participar delas.

São satisfeitos demais os cristãos que choram por si mesmos,
mas não choram com os pobres, com os doentes
e com os injustiçados.
Eles podem estar satisfeitos com sua fé,

mas Deus não está!

É nhenhenhém e blábláblá demais!

Jesus já disse o que pensa dessa gente,

que, pelo muito falar, achavam estar agradando a Deus.

Leia o texto do evangelho de Mateus (7,21).

De quebra, também Mt 25,31-46.

Verá que Jesus não se deixa impressionar

pelos que rezam ou falam bonito e suave.

Ele aceita os rezadores, mas quer mais do que oração;

quer gestos concretos de caridade!

Jesus quer que olhemos para o céu,

mas quer também que olhemos para o lado.

Quem decide passar a vida olhando só para o alto

acaba morrendo de torcicolo!

FÉ NHENHENHÉM

Quando vi aquele bêbado na esquina falando bobagens,
gritando para todos e para ninguém,
lembrei-me de muita gente que tem fé embriagada.

Ficam só no periférico. Não querem saber de doutrina,
conteúdo ou informação.
Odeiam ler revistas ou livros religiosos.
Gostam mesmo é de ouvir alguém falar bonito.
Em geral, preferem mais falar a ouvir.

Embriagados com sua Igreja, seu movimento,
sua nova vida, eles ou elas passam os dias
dando testemunho do que o Senhor fez por eles
e de como eram pecadores e errados
e agora servem até de exemplo!
Só falam isso. Doutrina, nenhuma.

O testemunho de gratidão é algo muito lindo.

Mas a pessoa tem de falar de outras coisas da fé,

além da sua conversão.

A Igreja tem mais a oferecer ao mundo

do que a história da conversão deste ou daquela.

Dar testemunho é bonito, mas se aqueles irmãos ou irmãs

não forem vistos numa creche,

num hospital, no meio dos pobres e ali onde se sofre,

sua fé se torna fé "nhenhenhém".

É muita lengalenga. São bons de conversa e ruins de ação!

Jesus disse que esse tipo de comportamento não leva para o céu.

Leia Mateus (7,21). Mais claro do que isso, impossível!

FÉ SEM ADJETIVOS

Fé sem adjetivo não existe.
Todo ato de fé nasce de pessoas
marcadas por alguma experiência pessoal.

Por isso sua fé pode ser
pura, confusa, aberta, fechada, conservadora,
progressista, dialogante, limitada!

À medida que vamos aprendendo a ter mais fé,
ela vai ficando mais bem adjetivada.

Mas fé é um substantivo cercado de muitos adjetivos.
A minha fé, por exemplo, é cristã católica.
E eu gosto desse adjetivo.
Qualifica a minha fé em Jesus Cristo!

*Por que você fica olhando
o cisco no olho do seu irmão,
e não presta atenção
à trave que está no seu próprio olho?*
(Mt 7,3)

FÉ PRECONCEITUOSA

Eles são capazes de semear o preconceito com a maior naturalidade.
Em pouco tempo, seus ouvintes e fiéis estão repetindo o mesmo,
sem se dar conta da maldade embutida no que dizem.

Foi o caso daquele pregador que disse, na televisão,
que a Bíblia dos cristãos tem sessenta e seis livros,
a dos católicos setenta e três e a dos judeus trinta e nove.

Quis dizer que eles, os evangélicos, são os cristãos.
Católico é católico e judeu é judeu.
Devia ler Marcos (9,38).
João quis decidir quem era e quem não era do Cristo.
Jesus o repreendeu por se meter em assunto que não era da sua conta!
Deu-lhe uma lição de ecumenismo.

O pior é que a assembléia daquele pastor ouve isso a toda hora.
Sai de lá achando que só a Igreja deles é cristã.

Em pouco tempo, milhares estarão repetindo
que os católicos não são cristãos, eles sim.

Decidem que nós não somos seguidores de Cristo, mas eles são.
Elogiam sua Igreja de oitenta anos
e desprestigiam a nossa, que gerou tantos santos
e fez tanto bem em nome do Cristo.
Agora vêm eles e dizem que não pertencemos ao Cristo!

Com essa fé preconceituosa esperam ser abençoados por Deus.
Não serão!
Jesus deixa isso claro quando chama de hipócritas
os que criticam o cisco no olho dos outros,
mas que carregam um graveto no seu (Mt 7,3).

Os fariseus também disseram que Jesus tinha o demônio na mente.
O tempo se encarregou de provar que quem se deixou levar pelo
demônio foi aquele grupo capaz de jogar o povo contra Jesus...

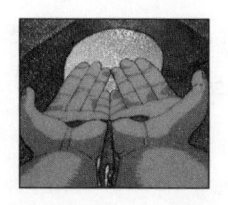

FÉ MILAGROSA

Muita gente tocava em Jesus e não acontecia nada.
Uma mulher que sofria de hemorragia
e estava desenganada dos médicos
tocou-o com fé e foi curada.

Não basta, pois, tocar.
O milagre não está no toque, e sim na fé.
Jesus lembrou isso.

Por isso não existem nem toques, nem coisas, nem objetos,
nem sujeitos milagrosos.
Mas a fé pode ser milagrosa.
Jesus deixou isso claro.

Sem fé, nada faz sentido.
Nem mesmo o milagre com hora marcada
de alguns pregadores mais afoitos.

Sem caridade, nem mesmo o fazedor de milagres se salva.
Jesus também disse isso! (Mt 7,21-23)

O tema é provocante.
Vale a pena discuti-lo.
Temos objetos sacros em casa?
Que forças lhes atribuímos?
Conversamos com eles?
E está certo isso?

FÉ SIMPLES E PURA

Fé simples e pura tinha Maria.

Fé simples e pura tinha o centurião romano.

Também a teve a mulher cananéia.

Não ficaram impondo, nem criando situações.

Pediram, aceitaram e deixaram acontecer.

Sabiam o que estavam pedindo,

a quem estavam pedindo,

ou quem estava lhes pedindo.

É pura toda fé que deixa Deus agir.

Há uma fé que acontece e faz acontecer.
E, porque faz, é eficaz.

FÉ EFICAZ

Há uma fé fraca, insegura, que não nos tira do nosso jeitinho.

É a fé "chove não molha": "creio, mas não me envolvo".

É "eu aqui e eles lá".

"Não quero problemas".

Há uma fé que acontece e faz acontecer.

E, porque faz, é eficaz.

É mais ou menos esta a diferença entre o sujeito

que vive rabiscando projetos, mas não usa nenhum deles,

e o outro que faz poucos,

mas todos se tornam casas ou monumentos.

Há uma fé que diz que faz, mas não faz.

E há uma fé eficaz. Faz!

Já ouviu falar de irmã Dulce, dom Helder Camara, Teresa de Calcutá?

Fizeram!

A fé, antes de ser aderida,
precisa ser refletida,
questionar o porquê,
medir as conseqüências.

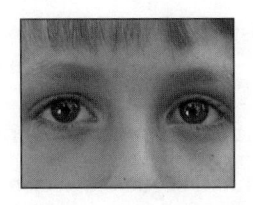

FÉ INTELIGENTE

"Inteligente" vem de *intus-legere*

ler dentro, ler nas entrelinhas.

Ou seja, quando o outro está indo com o milho,

o inteligente já está voltando com o fubá.

Está sempre mais adiante no raciocínio.

Os jovens dizem que *é o cara que saca logo.*

Fé tola é a do sujeito que corre atrás de qualquer pessoa,

de quem atrai mais gente,

de quem que vive buscando qualquer sinal

ou qualquer palavra mais quente ou "da onda".

Falou-se que há uma nova aparição, lá se vai ele, para também poder ver.

Não vendo, contenta-se em beijar as mãos de quem disse que viu.

Aceita qualquer explicação, sem ao menos ouvir outras,

sem comparar nem refletir.

E ai de quem o questiona ou questiona o seu vidente preferido.

Conclui que o sujeito não tem fé.

Confunde a fé no vidente com a fé no Cristo.

Fica zangado com quem segue o catecismo ou a Bíblia.

Confunde o espetáculo da fé com a graça da fé.

Parece o sujeito que acha que o melhor *show*

é aquele que tem mais propaganda

e o que solta mais foguete.

Nem sempre o que mais aparece tem mais conteúdo.

É chato ter de dizê-lo, mas é a pura verdade.

"Não, ele não pode estar errado, ele é tão bom. Eu gosto tanto dele!"

Isso não é critério.

A fé, antes de ser aderida, precisa ser refletida, questionar o porquê,

medir as conseqüências.

Mergulhar por mergulhar é loucura.

Primeiro procure saber a altura, a profundidade

e as chances de o mergulho dar certo.

Só depois, mergulhe.

A fé não deve dispensar o uso do cérebro.

FÉ DADIVOSA

Quem gosta de repartir o pão, a palavra, o amor
tem fé dadivosa.
"Da-divosa". Mais dá do que pede.

Toda fé madura é generosa e dadivosa.
O bom religioso mais dá do que recebe,
fica feliz em poder dar.

Não espera grande colheita de sua semeadura.
Semeia, cuida, cultiva e fica feliz com o pouco
ou muito que colhe.

Não olha números.
Olha o bem. Nem que seja pequeno.
Melhor isso do que nada!

Cuidado com os números da fé:
não vale qualquer coisa,
nem vale qualquer preço.

FÉ SEM CIFRÃO

Há religiosos que dão muita ênfase ao dízimo e ao dinheiro.

É só ouvir as suas pregações e conferir.

Nem disfarçam.

Condicionam a graça ao tamanho da contribuição.

Quem dá muita importância ao tamanho das obras,

aos templos, ao número de emissoras, de fiéis,

ao tamanho da coleta, ao poder de comunicação do seu grupo,

à quantia do dízimo na sua Igreja,

e arrota a superioridade do seu grupo,

é porque em pouco tempo saiu da centena para os milhões

e atribui isso a Deus; é "marqueteiro" da fé.

Está perigosamente lidando com números,

mais do que com pessoas.

A idéia de religião verdadeira é outra.

O comunismo ateu também angariou milhões de adeptos
e reinou durante sete décadas.
Parecia insuperável. Mas errou nos números.
Tinha muita gente sob seu controle,
contudo não tinha adeptos nem fiéis.

No reino dos céus, o pequeno ou o grande rebanho são lindos,
desde que não vivam de cifrão.
Não me impressiono nem um pouco com torres de Babel.
A maioria é de papel.

Eu meço uma Igreja pelo tamanho de creches,
asilos e obras de caridade
e não pelo número de casas de oração ou de torres de rádio.

Meu conceito de Igreja tem mais a ver com qualidade
do que com quantidade.
Deve ser disso que Jesus falava quando chamou
o seu grupo de "pequeno rebanho".

Minha Bíblia não diz que Jesus,
ao mandar seus discípulos pelo mundo a pregar,
ensinou-os a fazer qualquer coisa para ter mais adeptos.

Não vale qualquer coisa nem vale qualquer preço.

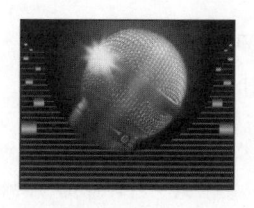

FÉ COM PÃO

Um jovem padre, encantado com o uso da mídia
e o novo *marketing* católico,
comentava, feliz, que a diocese conseguira abrir
três emissoras de rádio.

Uma jovem lhe disse:
— Mas fechamos uma escola católica e duas casas de caridade!
E respondeu o jovem padre:
— Mas estamos falando para pelo menos setenta mil pessoas.
O velho pároco, que ouvia tudo, comentou:
— É louvável investir na comunicação,
mas a diocese, para dar a palavra a setenta mil,
parou de dar casa, escola e pão a mil e trezentas crianças.
Vendemos a escola para comprar a rádio.
Perderemos a longo prazo,
porque não acho que uma emissora de rádio
consiga substituir uma escola e uma creche.

Uma Igreja que privilegia a palavra
e descuida do pão dos pobres
fica mais faladora e também mais pobre.

Estavam certos a moça e o velho padre!
Fé que não rima com pão não faz boa comunicação!

FÉ AMOROSA

Fé que se fecha, perde.

Fé que não escolhe, espalha.

Fé que não admira, se isola.

Fé tem de escolher e abraçar.

Fé tem de ser amorosa.

E não pode ser amor só pelos nossos adeptos.

Quem não pratica ecumenismo

fecha-se no seu grupo

e jamais se mistura com outros irmãos;

é auto-suficiente demais e tem fé pouco amorosa.

Se é Igreja, vai deixar de sê-la em pouco tempo...

*Se veio falar mal
de minha mãe,
é melhor falarmos
de outra coisa!*

FÉ EM JESUS

Sou um religioso, um cristão e um católico.

Isso significa que minha fé em Deus passa pela fé em Jesus

e esta passa pela fé da Igreja que amo:

a Católica Apostólica Romana.

Aceito o jeito católico de ser e falar de Jesus,

aceito seus ritos e sua práticas

e sei as diferenças e o que é essencial.

Não acentuo o que a Igreja não acentua.

Tenho meu jeito de utilizar as imagens, o terço,

as procissões e outras devoções não obrigatórias.

Respeito quem as acentua.

Meus acentos de fé são outros.

Nem por isso os acho menos católicos do que eu.

E não aceito que me considerem menos católico

só porque não canto, nem oro,

nem me expresso como eles.

Falo com Deus em nome de Jesus, como Jesus o sugeriu.

Creio que Jesus veio de Deus e me espera em Deus, seu Pai.

Jesus me deu a certeza de que posso chamar Deus de Pai.

Tento basear minha vida neste mundo em Jesus.

Quero ser pessoa do jeito que ele ensinou!

Posso achar isso tranqüilamente dentro do catolicismo.

Quando ouço um pregador questionar minha escolha,

pergunto-lhe se posso também fazer o mesmo com a dele.

Em geral, ele muda de assunto.

Melhor assim!

Se veio falar mal de minha mãe, é melhor falarmos de outra coisa!

SÓ NA IGREJA DELE

Quando eu disse acreditar que iria para o céu,

um irmão de certa Igreja radical balançou a cabeça.

Teve pena de minha ignorância.

Resolveu me doutrinar, sem saber que eu era padre.

Disse duvidar que um católico conhecesse Jesus de verdade

e que eu corria o risco de não me salvar,

porque Deus abomina a idolatria

e todo católico é idólatra.

Respondi pedindo que lesse melhor a sua Bíblia.

Descobriria que o capítulo 7, versículo 1, de Mateus diz:

"Não julgueis, e não sereis julgados".

Respondeu-me ele com o capítulo 6, versículo 2,

da Primeira Carta de Paulo aos Coríntios (1Cor),

que diz que os santos julgariam o mundo.

Considerava-se no direito de julgar os outros,

porque fora eleito e sentia-se santo, canonizado em vida.

Estava me julgando porque podia!

Falei-lhe de Jesus,

que foi capaz de ver a luz de Deus

num soldado romano pagão (Mt 8,5-10),

enquanto ele não conseguia ver nada de bom

numa Igreja que produzira

milhares de pessoas mais santas do que ele,

a menos que ele se achasse mais santo que Francisco de Assis,

Clara, Teresa de Calcutá, Vicente de Paulo

e outros gigantes da caridade.

Achava! E acrescentou que eles não eram ninguém,

embora nunca tivesse lido a biografia deles,

mas, já que eram católicos,

não podiam ter conhecido o verdadeiro Jesus.

O rapaz tinha mais fé na sua Igreja do que no Cristo,

que para ele só agia nos evangélicos.

E ele nem era evangélico.

Sua Igreja é listada como messiânica.

Nunca lera Marcos (9,38-41). Era espiritualmente zarolho.

Ficara com algumas passagens da Bíblia

e ignorava as outras

ou dava um jeito de aplicá-las contra os outros.

Aprisionara Jesus na sua Igreja.

Evidentemente tinha uma fé do tamanho de seu cérebro.

Era pequena demais para caber nela a sua Igreja e Jesus Cristo.

Ficara com a sua Igreja que o colocou acima de tudo e de todos.

Infelizmente alguns católicos fazem o mesmo com seus grupos de fé...

Fecham-se nele e não há lugar para qualquer outro

caminho de catolicismo.

Só os livros, as canções e os pregadores deles...

Moram num jardim com muitas flores,

mas no seu canteiro só entram gerânios...

*Sei que o Espírito Santo
não é o Pai nem é o Filho,
mas vem de ambos.*

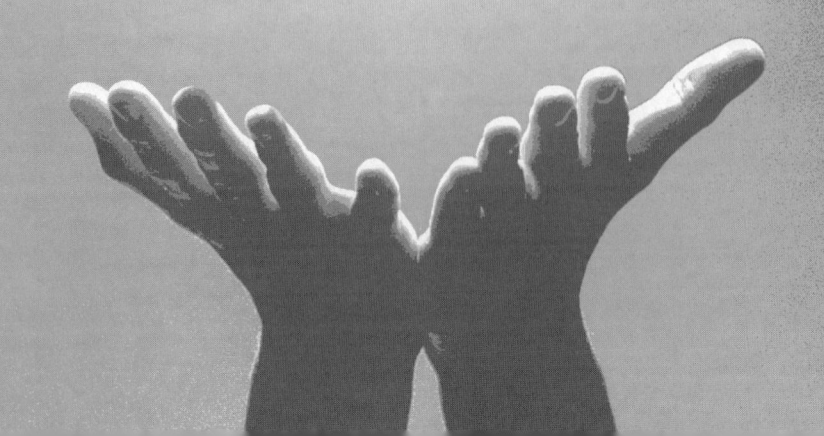

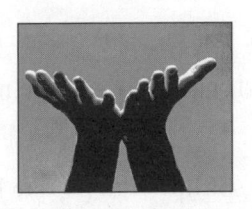

FÉ NO ESPÍRITO SANTO

Sou cristão e sigo Jesus.

Foi Jesus quem disse que viera do Pai,
que o Pai e ele eram um,
e que, quando ele voltasse ao Pai,
nos mandaria seu Espírito Santo.

Jesus fala de si e do Pai e do Espírito Santo
como pessoas distintas,
mas fazendo unidade perfeita.
Um não é o outro, mas um não existe sem o outro.
Então eu creio no Espírito Santo que o Pai e o Filho enviam.

Não penso em pomba nem sopro nem vento,
nem língua de fogo, quando falo dele.
Penso em ternura, em aperfeiçoamento, em graça continuada!

Se mais não penso é porque não consigo imaginar Deus.

A Santíssima Trindade não se parece com nada do que conhecemos.

Digo que creio no Espírito Santo porque Jesus falou dele.

Soprou sobre os Doze e disse que o estava concedendo a eles.

Depois, antes de ir para o Pai, disse que o enviaria.

Sei que o Espírito Santo não é o Pai nem é o Filho,

mas vem de ambos.

Os apóstolos falavam com enorme segurança sobre o fato.

Sabiam que falavam possuídos desse Espírito enviado por Jesus.

Sei também que crer no Espírito Santo

não é a mesma coisa que crer em espiritismo.

Não estamos falando de espíritos,

e sim do Espírito de Deus, do seu sopro de vida,

do Deus que continua nos criando.

Mais eu não sei. Mas não é por isso que parei a busca!

Continuo pedindo a Jesus que me mande seu Espírito.

Continuo sentindo que existe alguém me conduzindo,

mesmo quando não correspondo nem coopero.

Sou como criança que, mesmo não correspondendo,

ainda pode ter certeza de que a mãe a ama.

Um dia a criança cresce e aprende a devolver ternura com ternura!

Sem ternura e coragem de dizer o que pensamos,

sem unidade e diálogo com os outros,

fica difícil falar no Espírito Santo.

Feche-se no seu grupo,

faça tudo só entre vocês e descobrirá muito depressa

que o Espírito Santo ficou do lado de fora,

onde você deixou os outros

que não cantavam, nem oravam, nem falavam do seu jeito...

Na Igreja Católica,
uma das memórias
que mais cultivo
é a memória
da Mãe de Jesus.

FÉ EM MARIA

Sou católico com muita honra,
sustento minha fé, defendo-a
e sei muito bem no que creio e no que não creio.

Nunca pensei em deixar o catolicismo
e quero morrer cristão católico,
mesmo que em alguns aspectos
deseje mudanças na minha Igreja.
Que filho não gostaria de ver melhorias na sua casa?

Na Igreja Católica,
uma das memórias que mais cultivo
é a memória da Mãe de Jesus.

Aprendi a admirá-la, amá-la, louvá-la
e sei a diferença entre ter imagens que a lembrem
e confundir a imagem dela com a sua pessoa.

Não adoro nem a pessoa nem as imagens de Maria.

Quem me acusar disso estará me caluniando

e calúnia leva para o inferno!

Que triste!

Na ânsia de defender a pureza da Bíblia,

alguns cristãos acabam candidatos ao inferno

porque caluniaram seus irmãos de outra Igreja...

Não adoro Maria,

mas não acho que ela era como qualquer mulher.

Não é todo dia que uma mulher concebe um filho como Jesus.

Pelo que sei e creio, até agora ela foi única e não haverá outra.

Então, Maria é especial na minha Igreja

e entre os cristãos que sabem a diferença entre louvar a Deus

e louvar um ser humano.

O louvor a Deus é de adoração, louvor total!

Deus é digno de todo o louvor.

Tudo o que se fizer para exaltá-lo é pouco!

O louvor a Maria é parcial. Tem limites.

Maria não pode tudo e precisa pedir.

Mas nosso elogio e nosso louvor a ela

é de admiração por esta filha que Deus amou.

A Bíblia tece louvores a homens santos,

como os guerrilheiros macabeus, louva os justos.

A palavra *louvor* na Bíblia não é aplicada só a Deus.

A ele a Bíblia reserva o louvor supremo e total.

Mas quem lhe é fiel também é louvado.

Nossa Igreja admite que Maria é quem ela é em razão

do Filho que gerou!

Nunca houve pessoa mais plena de Deus neste mundo!

Plena de Deus e plena de Jesus, Maria é para nós

a primeira louvadora,

a primeira cristã, a que mais perto esteve do mistério de Cristo.

Como cremos no céu e achamos que os que morrem em paz

estão na paz do Cristo e salvos,

e porque cremos que no céu se ora pelos outros,

cremos que Maria fala ao Pai em nome de seu Filho

e ora por nós.

Se meu irmão de outra Igreja pensa diferente, meu abraço fraterno.

Eu fico com as orações e intercessões dele por mim

enquanto oro por ele,

mas fico também com a intercessão

de quem está melhor do que nós dois lá no céu.

Eu creio na pessoa e na prece de Maria.

Ela está viva com o Filho, no céu,

e não parou de acompanhar os discípulos do seu Filho...

MARIA TEM DE PEDIR

O fato de eu amar e admirar Maria
não me permite ir aos extremos, como alguns católicos,
que falam dela como se fosse todo-poderosa
e que atribuem poder milagroso ao rosário.
Nem ela quer esse tipo de louvor.

Temos de tomar cuidado com o nosso entusiasmo,
quando falarmos de Maria.
Ela não faz milagres por própria vontade: só Deus os faz.
Maria tem de pedi-los a Deus em nome de seu Filho,
assim como nós. É doutrina da Igreja!

A diferença está no jeito de orar.
O jeito dela é, sem dúvida, melhor do que o de qualquer cristão.
Depois de Jesus ninguém orou melhor do que ela.

Mas Maria não é deusa nem todo-poderosa.
Ela pede e sabe o que e por que pedir.

Se aqui na Terra, padres, pastores e gurus
podem orar pelos outros,
por que Maria, no céu, não pode orar por nós?
Não está ela mais perto de Jesus e do Pai?

Ela pode orar e ora, porque no céu se ora.
Foi Mãe, é Mãe! Não há o que duvidar!
Que espécie de religião é essa,
que diz que nós aqui na Terra podemos interceder
e os do céu não podem, pois estão mortos?
Então Jesus estava mentindo ao ladrão arrependido,
quando lhe prometeu que naquele mesmo dia ele estaria no paraíso?
Se o ladrão foi para o céu, a Mãe de Jesus não foi?
E se foi, não pode orar melhor do que nós,
que vivemos prometendo orações pelos nossos paroquianos?

Ela é melhor do que todos os que se dizem seguidores de Jesus.
Diminuir Maria é desrespeitar o plano de Deus.
Exagerar o papel de Maria, também.
Amemos Maria do jeito certo.
Ela jamais aceitaria um papel igual
ou acima da missão de seu Filho.
Cuidemos das nossas expressões.
O Terceiro Milênio não será mariano...
Continuará sendo de Jesus.
Maria jamais ocupará o lugar de seu divino Filho.
Mas continua merecendo mais louvor do que todos nós!

FÉ NOS SANTOS

Para mim, santidade é afinidade com Deus.

Quanto mais em Deus, mais santo.

Quanto mais longe dele, menos santo.

Por isso, creio nos santos que já morreram

e nos que ainda vivem neste mundo e os admiro muito.

Entre essas pessoas santas

há católicos, muçulmanos, judeus, evangélicos, budistas

e muita gente boa, amorosa,

incapaz de fazer mal a qualquer pessoa.

Não creio em santos só da minha Igreja.

Existem santos amados por Deus em outros caminhos de fé.

Quem acha o contrário

não leu direito os pronunciamentos oficiais da nossa Igreja.

Ela não os coloca nos seus altares,

mas reconhece que Deus agiu neles e os elogia.

Gosto de saber que os santos do céu e os da Terra
se preocupam comigo e oram por mim.

Se creio na palavra e na oração dos santos deste mundo,
que ainda não chegaram ao céu,
com muito mais razão, eu creio nos salvos,
nos que já estão definitivamente com Deus.

Por isso falo com eles,
porque sei que lá no céu ninguém fica bordando ou tecendo redes,
nem jogando baralho para passar o tempo.
Lá não há tempo. Vive-se a eternidade.
Lá se ora a Deus e se ora pelos outros.

Os santos de lá podem me ajudar
orando com Jesus ao Pai por mim.
E eles sabem orar melhor do que os daqui.

Fico com os santos daqui e os de lá.
Mas se tiver de escolher, preferirei os de lá!
Entre a bênção do padre X e do pastor Y ou do vidente Z,
prefiro a de são Francisco ou de são José.
É que acho que eles oram melhor...

Se posso chamar o padre ou o pastor de "reverendo",
isto é: digno de ser reverenciado, digno de respeito, de louvor,
por que não posso chamar os do céu de santos?

Não é por nada, não!
É que acho que os santos do céu são bem mais reverendos
e muito, mas muito mais santos!...

Eu acredito nos santos e nas santas!
São cristãos cujas vidas deram certo!
Sei a diferença entre ter imagens que os lembrem
e tê-los como intercessores.
Suas imagens não intercedem por mim.
Apenas lembram que eles estão orando por mim lá no céu.

Deus do céu, por que é tão difícil
fazer certos católicos e evangélicos entenderem tudo isso?

FÉ QUE DIALOGA

Não quero nem saber. É assim porque assim é.
Está lá no livro e ninguém vai mudar o que ele diz.

Quem não aceita dialogar sobre Deus não tem fé.

Se só vale o que ele leu, o que seus líderes explicaram
e o que sua Igreja pensa e o resto é lixo,
esse fiel não é tão fiel como parece.
Jesus dialogava!

Quem não dialoga está dizendo que Deus não fala,
não ilumina e não ama os de fora de sua capela,
paróquia, grupo religioso ou templo.

Está dizendo que os outros não viram,
não leram e não sabem nada.

Está dizendo que só ele pode ensinar
e que nada tem a aprender com os outros.

É um tolo. Não tem sabedoria.
Vai morrer ignorante,
crente que Deus só falou com ele e com seu grupo,
ou que só ele e seu grupo sabiam da verdade.

Parece o astrônomo que, agarrado à sua luneta de 1938,
se achava o mais aparelhado de todos os astrônomos,
até o dia em que viu outros observatórios e outros telescópios
que viam dez mil vezes mais.

Mesmo assim, não quis dialogar.
Inventou que outros viam mais estrelas,
mas ele via com mais clareza a única estrela
que valia a pena conhecer.

Quem dialoga vê mais.
Quem não dialoga vê cada dia menos.
Morre chamando sua vela de holofote.

FÉ INSUFICIENTE

Jesus chamou os discípulos de homens de fé pequena (Mt 8,26).

Isso quer dizer que Jesus admitia
que poderia existir uma fé grande, uma fé menor,
ou uma fé insuficiente.

Ele não negava a fé das pessoas,
apenas reclamava muitíssimas vezes da fé insuficiente delas.

Mas quando encontrou uma grande fé, elogiou,
mesmo que se tratasse de pagãos, não-judeus
e até gente que não era do grupo dele (Mt 8,10).

Que diferença entre Jesus e alguns pregadores fanáticos,
que só acham fé forte no seu grupinho!
Aí a gente se pergunta:
"Quem tem fé insuficiente?"
Aquele que só vê Deus agindo na sua Igreja
ou o que vê Deus agindo também nos outros?

Ninguém tem maior amor
do que a pessoa que dá a vida pelos outros.

FÉ PEQUENA

Pode haver amor pequeno:
é o daqueles que amam até um certo ponto.

Existem grandes amores, capazes de gestos grandiosos,
e os pequenos amores.
Jesus mesmo diz que ninguém tem maior amor
do que a pessoa que dá a vida pelos outros.
Amor pequeno é o daqueles que amam pouco.
Se alguém pressionar, mudam de sentimento.

Existe fé grande e fé pequena;
Jesus elogiou a fé grande da mãe cananéia e
a do centurião romano,
que estavam aliadas à caridade:
pediam por alguém e não por si próprios.

Criticou a fé pequena de Pedro no episódio do lago.
Infelizmente, muitos que se afirmam

crentes em Jesus têm fé pequena.
Fé grande é para poucos.

Foi por isso que os apóstolos disseram:
"Aumenta a nossa fé!" (Lc 17,5).
Admitiram crer menos do que deveriam e poderiam.

Aprendamos com eles!
(Mt 6,30; 14,31; 15,28; Lc 17,5)

FÉ SEM CARIDADE

Aquela mulher ex-católica, que se converteu para a Igreja
da Revelação Divina bem à frente de sua casa,
achou uma nova fé, mas, pelo visto, perdeu a caridade.
Textualmente disse à vizinha, num dia de festa de Nossa Senhora
(e isso, dentro da casa da vizinha, onde fora tomar café):
"Quando eu era ignorante como você,
eu ainda rezava para ídolos e santos,
mas agora que fui salva por Jesus e conheço a verdade,
eu oro diretamente para Deus em nome de Jesus.
Não preciso de intercessor.
Jesus me basta".

A vizinha respondeu:
"Você entra na minha casa, me chama de ignorante e de idólatra,
dá a entender que eu adoro os santos,
dá a entender que não estou salva,
mete-se na minha vida e na minha fé,

me agride porque tenho duas imagens na minha casa,

dá a entender que eu oro errado e que não conheço a verdade,

que Jesus não me basta

e ainda pretende me chamar de amiga?

Me agride, me julga e me condena

e ainda se proclama evangélica?

Que raio de evangelho é este,

que lhe dá o direito de julgar as pessoas

e ainda faltar com a educação com todos?

Vizinha, você achou uma nova Igreja, mas perdeu Jesus.

Sem caridade, qualquer Igreja é um zero à esquerda.

Volte a ser católica ou procure uma Igreja evangélica séria.

A sua tornou você pior.

Você era muito mais de Deus quando era católica".

Eu teria dito a mesma coisa.

Há momentos em que é preciso dar um basta

a quem acha que tem o monopólio da verdade!

FÉ ABRANGENTE

Que me desculpem meus irmãos católicos e evangélicos,
mas evangelizar acentuando só um aspecto da catequese
é evangelizar como zarolho.
Ou nossa catequese é abrangente,
capaz de acentuar os mais diversos aspectos da vida,
da fé e da pastoral,
ou ficamos numa perna só
e, por isso, mancando ou escorregando no mesmo tema.
Digo e assino embaixo para qualquer irmão que quiser me contestar.

Louvar faz parte da fé e é parte fundamental,
mas quem só faz isso está em falta com Deus e com a Igreja.

É que a fé não é só isso.
Existem louvores errados e na hora errada.
Jesus falou disso quando deixou claro o que é mais importante:
a oferta no altar ou a reconciliação com os irmãos? (Mt 5,24)

Quem vê crianças cheirando cola na escadaria de sua igreja
e promove tardes de louvor sem tentar ajudar aqueles meninos
não tem fé abrangente.
Tiago fala disso na sua epístola,
ao ironizar os que falam coisas lindas para o pobres
e não os ajudam com gestos concretos (Tg 2,14-26).

Segundo ele,
a caridade é para a fé como o ar é para o corpo.
Quem não respira caridade morre por dentro.

LOUVOR DEMAIS

Sou sacerdote católico e prego religião há mais de trinta e cinco anos. Como leciono comunicação, faz parte do meu trabalho assistir televisão e ler as publicações que versam sobre o tema "Prática e Crítica de Comunicação". Isso me leva a estudar a prática de comunicação das Igrejas, mormente a dos católicos e evangélicos. O que tenho visto nestes últimos cinco anos é o excesso. Fala-se demais, prega-se demais, insiste-se demais no testemunho, na conversão e no poder da fé. Seria maravilhoso, se não fosse demais.

Na televisão, usa-se o argumento da audiência. O povo é quem decide. Se há auditório e telespectadores para programas eróticos, é porque o povo gosta. Então, por que não dar o que desejam? "A televisão tem sexo, nudez e violência demais porque o povo gosta e vê. Então a gente dá. Se o povo não visse a gente não mostraria...". Louvor também. Se o povo sintoniza é porque quer ouvir isso! Os outros temas não têm dado a mesma audiência...

O fato é que se pode comer chocolate demais, ingerir bebida demais, dançar, falar, gritar, correr e orar demais. Os que dizem que religião nunca é demais não sabem o que o excesso pode fazer ao ser humano. Doce demais pode trazer desarranjo intestinal e até induzir ao estado comatoso. Fica-se doente por excesso de bebida, de comida, de dança, de exercício e de fé. A pessoa acaba perdendo de vista os outros aspectos da vida. Faz como o sujeito que se apaixonou pela luz de tal maneira que resolveu olhar o tempo todo para o holofote. Ficou cego.

Fé pode ser demais, sim! Tanto a fé falsa como a fé correta, porém excessivamente martelada numa cabeça. A vida tem outros cuidados, diria Jesus (Mt 6,11; Mc 4,38; Lc 10,34; Jo 21,16). Ele até mandou orar pelo pão de cada dia e carregar a cruz de cada dia (Lc 9,23).

Os irmãos que produzem programas religiosos, até que diversificam. O problema está em alguns apresentadores que jamais abordam outro assunto e no telespectador, que não diversifica. Doze horas por dia ligados nas mesmas expressões e na mesma pregação, os telespectadores tanto podem crescer como gente bem motivada, como podem perder a perspectiva. Depende dos programas que vêem.

Há repetições pedagógicas e outras que acontecem porque o apresentador não sabe mudar de assunto. Pergunte aos psicólogos e aos professores de comunicação. Em resumo, há uma repetição que educa e outra que satura.

Minha opinião é a de que estamos repetindo demais o tema louvor, quando a Bíblia tem mais de mil outros temas a serem abordados. Se o CD da fé tem doze faixas, por que existem pessoas que só tocam a de número um? Por que gostam? Será que não há gente do lado de lá querendo ouvir outros temas? Aceito crítica e debate!

FÉ CORAJOSA

Foi porque assumiram pra valer a herança de Jesus,
movidos pelo Espírito Santo dele e do Pai,
que os discípulos mudaram da água para o vinho.
De medrosos, assustados e afugentados,
em poucos dias transformaram-se em pregadores corajosos.

É o espírito que nos dá uma fé corajosa.
Não temos fé verdadeira, se não temos coragem
de sustentar nossas convicções.
Quem vive pondo "panos quentes" e escolhendo palavras
para estar bem com tudo e com todos
tem fé medrosa.

Quando a popularidade vale mais
do que a defesa da verdade,
a fé é mentirosa.

Cuidado com pregadores bonzinhos demais.

Tomam café na casa da vítima e almoçam com o assassino!

Quem nunca denuncia, provavelmente também não anuncia!

Não existe profeta que só anuncia!

Se só faz isso, profeta é que não é.

Vai abençoar a banca e dar tapinha nas costas de bicheiro e traficante?

Vai casar na Igreja Católica quem diz que não crê como católico

e, ainda por cima, defende o divórcio e aceita o aborto?

Vai fazer o casamento da atriz que posou e continua posando nua

em capas de revistas?

Não vai pedir adesão e coerência?

Mesmo sabendo que o sujeito já matou seis pessoas,

vai dizer a ele que Deus o abençoará

só porque ele deu um cheque para a creche?

Vai elogiar o programa do animador,

no qual a maioria das piadas é sobre homossexuais

e os trajes beiram à nudez?

Chega o dia em que o profeta tem de dizer "não" aos que

o bajulam e patrocinam.

Se não conseguir dizê-lo, naquele dia deixou de ser profeta.

Ou nunca foi...

PALAVRA FINAL

Você acabou de ler um livro sobre a fé. Não é o que de mais sábio se pode falar a respeito. Há autores bem melhores na nossa Igreja e nas Igrejas cristãs. Este, porém, foi escrito para os simples, que admitem não ter o hábito de ler.

Tenho para mim que é possível ser, ao mesmo tempo, simples e profundo. Espero ter conseguido isso. Que tudo o que ficou dito nestas páginas ajude você, que chegou até o fim, a dialogar melhor sobre sua fé com seus amigos e vizinhos.

Eu quis prestar-lhe um serviço. Se ajudei, ore por mim. Se nada acrescentei, ore do mesmo jeito. Conto com sua fé fraterna, serena, forte, corajosa, inteligente e humilde...

Oremos pela Igreja, um pelo outro.

P. Zezinho scj

Fé sem conteúdo bíblico,
é edifício sem fundamento.

SUMÁRIO

Prefácio 5

As ênfases da fé 11

O católico racional 15

O católico cordial 19

Crer certo e crer errado! 21

Fé sincera 23

Fé prudente 25

Fé que nasce do amor 27

Fé humilde 29

Fé esclarecida 31

Fé forte 33

Fé triste 35

Fé feliz 37

Fé cega 39

Fé confusa 41

Excesso de fé 43

Bíblia ao pé da letra? 45

Escritores humildes 47

Leitores humildes 49

Fé que discorda 51

Humildes diante do livro 53

Fé missionária 57

Fé que vê demais 59

Fé pirotécnica 61

Fé comprometida 63

Fé generosa 65

Fé dialogante 67

Fé ruidosa 69

Não era fé... 71

Leitores inteligentes 73

Crer sem vaidade 75

Fé vaidosa 77

Fé e presunção 81

Fé alienada 83

Fé contrária 85

Fé confusa 89

Fé caridosa 91

Fé fechada 93

Fé fraterna 95

Fé que respeita 97

Fé narcisista 99

Fé arrogante 101

Fé escatológica 103

Fé interrogante 105

Fé penitente 107

Fé tonitruante 109

Fé obediente 111

Fé em si mesmo 113

Fé nos outros 115

Fé em Deus 117

Fé teatral 119

Fé sem barganha 121

Fé segura 123

Fé satisfeita 125

Fé nhenhenhém 127

Fé sem adjetivos... 129

Fé preconceituosa 131

Fé milagrosa.. 133

Fé simples e pura 135

Fé eficaz 137

Fé inteligente 139

Fé dadivosa 141

Fé sem cifrão... 143

Fé com pão 145

Fé amorosa 147

Fé em Jesus 149

Só na Igreja dele.. 151

Fé no Espírito Santo.. 155

Fé em Maria 159

Maria tem de pedir.. 163

Fé nos santos 165

Fé que dialoga 169

Fé insuficiente 171

Fé pequena 173

Fé sem caridade 175

Fé abrangente 177

Louvor demais 179

Fé corajosa 181

Palavra final 183

Impresso na gráfica da
Pia Sociedade Filhas de São Paulo
Via Raposo Tavares, km 19,145
05577-300 - São Paulo, SP - Brasil - 2005